생각코딩,
머리를 잘 쓰는
사람들의 비밀

생각코딩,
머리를 잘 쓰는 사람들의 비밀

1판 1쇄 발행 2019. 5. 15.
1판 3쇄 발행 2023. 2. 27.

지은이 홍진표

발행인 고세규
편집 권정민·심성미 | 디자인 조명이
발행처 김영사
등록 1979년 5월 17일(제406-2003-036호)
주소 경기도 파주시 문발로 197(문발동) 우편번호 10881
전화 마케팅부 031)955-3100, 편집부 031)955-3200 | 팩스 031)955-3111

값은 뒤표지에 있습니다.
ISBN 978-89-349-9559-3 03370

홈페이지 www.gimmyoung.com   블로그 blog.naver.com/gybook
인스타그램 instagram.com/gimmyoung   이메일 bestbook@gimmyoung.com

좋은 독자가 좋은 책을 만듭니다.
김영사는 독자 여러분의 의견에 항상 귀 기울이고 있습니다.

생각코딩,
머리를 잘 쓰는
사람들의 비밀

 홍진표 지음

김영사

능력이란 무엇인가?

인터넷과 스마트폰이 등장한 이래 우리는 매일 셀 수도 없을 만큼 많은 정보 속에서 원하든 원치 않든 많은 생각에 빠져 산다. '오만 가지 생각을 한다'는 말이 실감나는 세상이다. '생각을 잘하는 법'에 대한 사람들의 관심이 예전에 비해 높아질 수밖에 없는 환경인 것이다.

'생각정리, 보고서, 기획, 시간관리, 공부법, 독서법, 문제해결…' 서점의 진열장에서 쉽게 볼 수 있는 자기계발 분야의 키워드들이다. 살아가는 데 필요한 능력을 향상하는 데 도움이 되는 것들이다. 하지만 안타깝게도 이 모든 것을 습득하기에는 시간의 한계가 있다. 수많은 책 중에서 우리의 선택을 받는 책은 극히 드물고, 책에서 습득한 내용이 우리의 능력으로 자리 잡으려면 학습과 습관의 시간이 필요하다.

필자는 자기계발에 대해 좀 더 근본적인 접근을 해보고자 한다. 다양한 자기계발 분야 책들의 공통점은 무엇일까? 바로 저자들의 '생각 기술'과 관련되어 있다는 점이다. 각 분야의 전문가들은 오랫동안 자신이 직간접적으로 체득한 생각의 노하우를 책에 싣고, 우리는 그것을 배우기 위해 바쁜 시간을 쪼개어 책을 읽는다. 그러나 결과는 어떤가? 안타깝게도 우리의 생각은 여전히 복잡하다. 도대체 그 이유는 무엇일까? 능력이 부족해서? 노력이 부족해서? 바로 '생각정리의 핵심'을 잘못 짚었기 때문이다.

필자는 학창 시절부터 '생각을 잘하는 법'에 대해 생각해왔다. 생각을 잘하면 공부와 독서의 결과도 나아진다고 생각했기 때문이다. 그래서 성공한 사람들의 생각정리법과 노하우를 배우려고 부단히 노력했다. 하지만 노력에 비해 결과는 좋지 않았다. 필자에 대한 주변 사람들의 평가는 항상 똑같았다.

"열심히 해도 결과가 좋지 않은 사람."

심지어 부모님조차 이렇게 말씀하셨다.

"진표야, 너는 머리가 안 좋으니까, 성공하려면 노력하는 수밖에 없다."

비평준화 고등학교를 다녔던 필자의 학창 시절은 하루하루가 열등감으로 채워졌다. 간신히 대학에 입학한 뒤, 필자의 고민은 딱 하나였다.

"능력이란 무엇인가?"

이에 대한 해답을 찾기 위해 혼신의 힘을 다했다. 도서관을 매일 들락거리며 교육 및 자기계발 분야 도서를 500여 권을 읽고 전문가들을 찾아다녔다. 속독, 속청, 마인드맵, 최면, 시간관리, 단전호흡, NLP, 공부법, 기억술, 수면, 식사법…. 인간의 잠재 능력을 조금이라도 개발시킬 수 있는 분야라면 닥치는 대로 공부했다.

이러한 노력으로 필자는 예전보다 빠른 속도로 책을 읽을 수 있고, 긍정적인 사고방식을 가질 수 있었다. 하지만 투자한 시간과 노력에 비하면 극적인 변화라고 할 수는 없었다. 능력 있는 사람들은 필자가 접했던 훈련을 하지 않았음에도 어떤 일이든 척척 잘해냈다. 그들이 선천적으로 능력을 타고난 게 아니라면, 분명히 그들을 성장시킨 원리가 존재할 것이었다.

'간절히 바라면 이루어진다'고 했던가! 필자는 결국 '능력의 비밀'이 무엇인지 깨달았다. 생각의 비밀, 혹은 능력의 비밀은 다음과 같다.

- 1단계: 정보를 주의·집중하여 빠르고 정확하게 받아들인다.
- 2단계: 정보를 다양한 기억 전략(부호화符號化 전략)을 통해 저장한다.
- 3단계: 저장한 정보를 말·글·행동 등 다양한 표현 방법을 통해 인출한다.

인지심리학에서 말하는 인간의 정보 처리 프로세스였다. 이를 깨달은 이후 필자의 인생은 완전히 바뀌었다. 다섯 번 전 과목 A+ 학점을 받아 법과대학을 수석으로 졸업했다. 이 노하우를 고등학교 학생에게 전수해주니, 성적이 중상위권이었던 그 학생이 전교 8등으로 올라 필자는 '중앙일보 공부의 신 프로젝트'의 베스트 멘토로 선정되기도 했다. 자기 자신뿐만 아니라 남을 변화시키는 단계까지 가니 '뭐든지 할 수 있다'는 자신감이 생겼다.

사회에 나와서 이런 능력은 더욱 빛을 내기 시작했다. 어떤 일을 준비할 때 필요한 정보를 누구보다 빠르고 정확하게 수집하고 해야 할 일들을 체계적으로 계획하게 되었다. 일례로 2017년과 2018년 인천 관내 30개 중·고등학교에서 생각코딩이 학생들의 사고력과 표현력 향상에 도움이 된다는 점을 인정받아 정규 교과서로 만들자는 제안을 받았다. 교육자로서 영광스러운 일이었지만 지인들과 출판업계 관계자들은 대부분 걱정을 했다. 출판사가 선정된 시점이 교과서 심사 제출일 불과 한 달 전이었기 때문이다. 교과서는 단순히 원고만 쓰면 되는 것이 아니라 내용이 학생들이 읽기에 적절한지, 논리 전개의 오류는 없는지 살펴봐야 하고, 디자인과 편집도 일반 도서에 비해 까다로워서 1년 이상 걸리는 것이 일반적이다.

한 달 안에 교과서 집필을 완성하겠다는 각오로 작업을 시작했다. 목차를 구성하고, 단원별 학습목표를 정하고, 학생들이 개인 및 모둠별로 생각을 많이 할 수 있게 학습 프로세스를 만들었다. 필자의 교육을 받은 연구원들에게 단원별 핵심 내용과 집필 방향을 배정한 뒤, 합숙하며 원고를 쓴 끝에 일주일 만에 초고를 완성했다. 이후 출판사 디자인팀, 편집팀과 소통하며 2주의 교정 작업을 거쳤다. 이렇게 무사히 심사 제출일 안에 원고를 제출했고, 결국《생각하는 힘을 키우는 생각코딩》,《스스로 만들어가는 교과코딩》,《독서와 함께하는 생애코딩》이라는 3권의 교과서를 최종 승인받았다. 많은 분과의 협업 덕택에 가능한 일이었지만, 집필 기획 단계에서 조금이라도 잘못된 방향으로 갔더라면 기한 내에 목표를 달성할 수 없었을 것이다. 처음에는 단순히 공부나 독서를 잘하고 싶어서 사용했던 필자의 사고 습관은 능력 있다고 평가받는 사람들의 문제해결 기술로까지 이어졌다.

이 책을 통해 당연하게 보이지만 알고 보면 당연하지 않은 '진짜 생각정리의 본질'과, 이를 다양한 분야에 접목하는 방법에 대해 알리고자 한다. 인간의 두뇌가 작동하는 원리를 이해하고, 이에 맞는 훈련에 집중한다면, 생각정리가 자연스럽게 되는 경험을 할 뿐 아니라 공부, 독서, 업무 등 어떤 분야에서도 실패하지 않고 무엇이든 잘해내는 사람이 될 수 있다. 이 책이 복잡한 생각을 정리하지 못해 힘들어하는 분들에게 '생각으로부터의 자유'를 선물할 수 있기를 간절히 바란다.

홍진표

차례

5부   독서코딩: 기억이 저절로 되게 하는 독서법

6부   업무코딩: 어떤 일이든 완벽하게 해내는 문제해결사 되는 법

생각코딩:
모든 공부의 기본이 되는 생각정리 기술

1장

생각정리, 스킬이 해결해주지 않는다

생각정리 스킬을 공부하는 사람들

정보의 홍수 속에 살아가는 현대인에게 복잡한 생각을 명료하게 정리하는 일은 어느 때보다 중요하다. 그래서 최근 생각정리 방법에 대한 관심이 계속해서 커지고 있다. 학생은 공부를 잘하기 위해, 직장인이나 사업가는 효율적인 업무 처리를 위해 생각을 정리한다. 또한 원만한 인간관계를 형성하기 위해, 자신의 삶을 되돌아보기 위해 생각을 정리하기도 한다. 이처럼 생각정리는 인간이라면 태어나서부터 죽을 때까지 하는 인지적 작업이다.

'마인드맵, 만다라트Mandal-art, 랜덤워크Random walk, 브레인스토밍, 브레인라이팅, 트리즈TRIZ(theory of solving inventive problem), 강제결합법.' 생각정리에 관심이 있다면, 한 번쯤 들어봤을 법한 기법들이다. 이 중에서 생활 속 문제를 해결하기 위해 실제로 사용해본 것은 얼마나 되는가? 그렇다. 이러한 기법들을 업무나 생활에서 활용하고 있는 사람은 극히 드물다.

우리는 생각정리 기법을 공부하는 데에 시간을 투입해야 한다. 그런데 생각정리 기법의 종류는 너무나도 많다. 생각정리를 해야 하는 상황에서 생각정리 기법을 공부하느라 오히려 생각이 더 복잡해지는 아이러니한 상황이 발생한다.

다양한 생각정리 기법을 모두 배울 시간적 여유가 없기도 하거니와 생각정리 기법의 프로세스 자체를 중요시하는 건 바람직하지 않다. 먼저 생각정리의 본질에 대해 알아야 한다. 그렇다면 생각정리의 핵심은 무엇일까? 생각정리 기법들의 공통점을 파악하면 자연스럽게 알 수 있다. 공통점은 크게 2가지다.

① 범주화: 생각의 경계를 구분하는 것
② 개념적 혼성: 생각과 생각을 연결하는 것

이 2가지는 인간의 마음을 연구하는 학문인 인지심리학에서 상세히 다루는 개념이다.

경계를 분명히 하는 범주화

'정의하다Define'라는 말의 어원인 라틴어 동사 dēfíniŏ는 접두사 de-(충분히)와 finis(종국, 경계)에서 유래했다. 즉 정의한다는 것은 '경계선을 확실히 한다'는 뜻이다. 생각정리의 시작은 ①우선 생각을 언어로 표현하고 ②그

언어들을 단어나 문장의 형태로 분명히 '정의'한 뒤 ③이들 간의 범주를 나누는 작업이라고 할 수 있다. 그러므로 생각정리는 '경계를 분명히 하는 인지 작업'인 '범주화'에서 시작한다.

범주화는 용어상으로는 낯설어 보이지만, 인간이라면 누구나 하는 인지적 작업이다. 김용규 교수는 《생각의 시대》라는 책에서 '범주화'를 다음과 같이 소개한다.

> 갓난아기는 사고를 통해서가 아니라 촉각을 통해 엄마의 젖꼭지(A)와 젖꼭지가 아닌 것(~A)을 구분할 따름이다. 이후 시각, 청각 등을 통해 점점 더 다양하고 복잡하게 구분하게 된다.[1]

인지심리학에서는 이와 같이 감각을 통해 대상을 구분하는 것을 '지각적 범주화Perceptional Categorization'라고 한다. 지각적 범주화는 인간뿐 아니라 동물들도 가지고 있는 능력이다. 그러나 인간의 범주화는 지각적 범주화에 그치지 않고 언어 학습을 통해 엄청난 발전을 한다.

아이들은 말을 배울 때 궁금한 것을 묻기 시작한다. 장미를 보며, 푸들을 보며 무엇이냐고 끓임없이 질문한다. 이때 아이의 부모는 장미를 '꽃'이라고, 푸들을 '개'라고 답해준다. 이렇게 몇 번에 거듭되는 아이의 질문과 부모의 답변이 오고 가면, 아이는 장미가 아닌 진달래를 보더라도 꽃이라고 하고, 진돗개를 보더라도 개라고 말한다. 동일하지는 않지만 유사한 것들을 '하나의 묶음'으로 인지하는 것이다. 인지심리학자들은 이를 '개념적 범주화Conceptual Categorization'라고 부른다.

이처럼 언어의 학습은 개념적 범주화의 과정을 통해 이루어진다. 만약 세상의 모든 꽃을 각각의 이름으로 기억해야 한다면 어떨까? 아마도 사람들 간의 의사소통이 불가능할 것이다. 유사한 사물에 대한 '범주적 사고'가 기반이 되어야만 서로 무엇을 이야기하는지 이해하는 능력을 가질 수 있다.

생각을 연결하는 개념적 혼성

범주화를 통해 생성된 개념들은 우리의 두뇌 속에서 결합의 과정을 거쳐 생각으로 탄생한다.《우리는 어떻게 생각하는가》의 저자 질 포코니에와 마크 터너는 이를 '개념적 혼성Conceptual Blending'이라고 말한다.[2]

갑자기 어려운 용어가 등장했다고 겁먹지 말자. '개념적 혼성' 역시 우리의 생활 속에서 일상적으로 이루어지는 익숙한 인지적 작업이다. 블렌딩blending은 서로 다른 품종의 커피 원두를 섞어 새로운 맛을 만드는 작업을 의미한다.

블렌딩은 우리의 뇌에서도 이루어진다. '생각'이라는 개념과 '코딩coding'이라는 개념이 만나 '생각코딩'이라는 새로운 용어가 탄생한 것처럼, 인간은 개념적 혼성을 통해 익숙한 개념들을 연결 지어 새로운 생각을 만들어 낸다.

21세기 창의성의 대표적 산물로 '아이폰'을 들 수 있다. 아이폰의 개별 기능 하나하나는 새로운 것이 아니다. 휴대전화, PC, MP3, 카메라, 터치스크린 등 모두 기존에 존재하던 기술들이다. 하지만 스티브 잡스는 이들을 연결해 아이폰을 탄생시켰고, 그 덕에 우리는 이전과 다른 편리함을 누리며 살아가고 있다.

이처럼 창의성 역시 개념적 혼성의 결과물이라고 할 수 있다. 다시 말해 개념적 혼성은 '생각과 생각을 연결하는 작업'이다. 무엇을 어떻게 연결하느냐에 따라 전혀 다른 결과물이 만들어지는 놀라움으로 역사는 끊임없이 발전한다.

생각코딩, 그게 뭐길래?

이처럼 생각은 '범주화'와 '개념적 혼성'을 통해 만들어진다. 생각정리 기법들이 생각을 잘하기 위한 것이라면, 그것은 다른 말로 '범주화'와 '개념적 혼성'을 잘하기 위한 작업이라고 할 수 있다. 그동안 우리는 새로운 생각정리 기법을 끊임없이 배우고 익히는 데 열중해왔다. 하지만 각각의 생각정리 기법은 구체적 상황과 목적에 따라 쓰임새가 다르다. 따라서 우리는 생각정리 기법에 대한 공부를 하기에 앞서, 생각정리의 목적인 '구분'과 '연결'에 초점을 두어야 한다. 이 목적을 달성하는 데 집중하고, 다양한 기법들은 각각의 상황에 맞게 부가적으로 사용해도 충분하다.

그렇다면 우리가 일반적으로 사용하는 '생각정리'는 어떤 의미를 가지고 있을까? 정리는 '가지런하다, 가지런하게 하다'를 의미하는 '정整'과 '다스리다'를 의미하는 '리理'가 합쳐진 단어로서, '흐트러지거나 혼란스러운 상태에 있는 것을 한데 모으거나 치우는 행동'을 의미한다. 사전적 의미로 봤을 때 정리는 공간이나 사물의 배열을 고르게 하거나 기존에 있는 것을 버리는 행동을 일컫는다.

마찬가지로, 생각정리는 '복잡한 생각을 한데 모으거나 불필요한 생각을 버리는 것'이라고 할 수 있다. 그러나 이러한 정의는 생각을 가지런하게 하는 과정에 대한 설명이 부족하다. '어떻게'에 대한 해답을 주지 못하는 것이다. 따라서 이에 대한 대안으로 필자는 '생각코딩'이라는 용어를 제시하고자 한다.

코딩과 부호화

생각코딩은 '생각'이라는 한글과 '코딩'이라는 영어를 합친 합성어다. '코딩'은 '주어진 명령을 컴퓨터가 이해할 수 있는 언어로 입력하는 것'을 말하며, 조금 더 넓은 의미로는 '프로그래밍'과 동일하게 사용된다. 최근 인공지능, 사물인터넷, 빅데이터 등 디지털 시대에 필요한 핵심 기술들이 대부분 IT를 바탕으로 한 소프트웨어로 구현됨으로써 코딩은 더욱 중요한 개념으로 자리 잡았다.

코딩은 컴퓨터과학 용어로 가장 많이 알려져 있지만 다른 분야에서도 사용된다. 대표적으로 인지심리학에서는 코딩을 '부호화'라고 표현한다. 부호화는 '청각, 시각, 촉각 등 감각을 통해 들어온 정보를 처리하고 저장하기 위해 그 정보를 유의미하게 만들고, 장기기억에 저장되어 있는 기존 정보와 연결하고 결합하는 과정'이다. 쉽게 말하자면, '단기기억(작업기억)으로 들어온 정보를 장기기억으로 전환시키는 과정'을 의미한다.

부호화가 제대로 이루어지지 않으면 대부분의 정보는 일시적으로 저장될 뿐 기억에 남지 않는다. 따라서 오랫동안 기억하려면 부호화 과정은 필수적이며 부호화를 잘하기 위한 방법들을 알아두는 것이 지식을 습득하는 데 있어 중요한 요소다. 부호화를 잘하기 위한 방법을 '부호화 전략'이라고 부르며 이 부호화 전략이 곧 '생각정리의 기술' 혹은 '기억의 기술'이다.

이처럼 코딩은 '사람이 기억을 잘하기 위한 과정 또는 방법'이라는 뜻으로 확장되어 생각코딩은 '생각의 프로그래밍'을 의미하는 동시에 '생각의 부호화'를 뜻한다. '코딩'은 논리적이고 체계적이라는 개념을 내포하기 때문에 생각정리의 구체적인 과정 및 방법에 초점을 설명하는 데 적절하다.

생각의 의미 확장

'생각'이란 말을 사전에서 찾아보면 다양한 의미가 있는 것을 알 수 있다.

    ① 사고, 사색, 계획

    ② 기억

    ③ 마음, 의지, 의향, 의도

    ④ 예상, 상상

    ⑤ 의견, 느낌

이처럼 '생각'은 인간의 사고 과정과 기억 과정뿐만 아니라 자신의 감정을 조절하고 미래의 일까지 예측하는 행위까지 포괄하는 개념이다. 따라서 생각을 정리하려면 단순히 학습이나 기억을 잘하는 노하우를 넘어, 두뇌의 작동 원리에 대해서도 이해해야 된다. 이에 대한 연구를 하는 학문이 바로 인지심리학이다. 인지심리학은 인간의 '사고'에만 국한하지 않고, 인간의

'마음'이 어떻게 작용하는가까지를 연구하는 학문이다.

이제 생각을 코딩하라

필자는 과거 10여 년을 속독, 속청, 마인드맵, 최면, 시간관리 등 학습법, 독서법, 자기계발, 문제해결 등 자기계발 분야의 도서를 500권 이상 읽는 열정을 쏟았다. 그러나 개인적 노하우에 그치는 생각정리 방법들이 많아서 시행착오를 겪어야만 했다. 그러다 우연히 인지심리학의 전공도서의 목차를 보는 순간 놀랐다.

> 인지심리학의 서론, 뇌와 인지, 형태재인, 주의와 인지, 기억, 기억 과정, 개념과 지식표상, 지식의 조직, 언어의 지각과 이해, 언어의 산출과 장애, 추리와 의사결정, 문제해결과 전문성, 지능과 창의성[3]

인지심리학의 연구 분야는 학습 및 자기계발 분야의 집합체라고 해도 과언이 아니었다. 필자는 이때부터 인지심리학의 이론을 그동안의 연구와 접목하여 공부, 독서, 업무에 쉽게 활용할 수 있는 방법에 대해 고민하기 시작했다. 그리고 그 효과는 어마어마했다.

갓 대학교에 입학했을 당시 필자는 전공과목 공부만도 버거워 자기계발을 할 엄두를 내지 못했다. 하지만 두뇌의 작동 프로세스를 이해하고 나니 정보를 해석하고 상황을 바라보는 눈이 뜨였다. 정보를 수동적으로 열심히 주입하는 방식에서 벗어나 정보나 사건의 핵심을 파악하고, 내가 가지고 있던 배경지식과 연결 지어 구조화된 도식으로 표현하기 시작한 것이다. 이런 방식이 두뇌의 작동 방식에 부합한다는 확신이 생겼기 때문이다.

이러한 노력 끝에 공부나 독서를 할 때 보다 효율적으로 오래 기억할 수 있게 되었고 이는 학습 능력의 향상으로 이어졌다. 우선 전공 공부에 대한 부담을 떨쳐낼 수 있었다. 법학은 다른 학문에 비해 논리 체계가 더욱 탄탄하기에 핵심 키워드를 찾고 개념과 지식을 구조화시켜 훨씬 수월하게 공부할 수 있었다. 전공 공부에 드는 시간이 절약되니 이 시간을 자기계발에 활용할 수 있었다. 매년 300여 권의 책을 읽어 도서관 다독상을 수상하고 독서클럽 활동을 했다. 또한 필자처럼 공부에 어려움을 겪는 학생들을 돕는 교육 재능기부 등의 봉사활동도 했다.

이전에는 생각코딩이 '~하면 효과가 있을 수 있다'라는 노하우의 영역이었다면, 이제는 '~하면 반드시 성공한다'라는 자신감과 확신의 영역으로 변화되었다. 인지심리학은 기억 및 기억 과정, 지식의 조직화, 언어의 표현, 지능과 창의성 등 우리의 두뇌가 작동하는 원리에 대해 객관적이고 과학적인 실험을 통해 입증한 학문이었기 때문이다.

필자는 인지심리학을 깊이 있게 연구한 학자는 아니다. 교육학과 컴퓨터과학의 융합학과인 교육정보와 법학을 전공했다. 그러나 오히려 다른 학문과 자기계발에 대한 연구, 인지심리학을 연결해보았더니 많은 사람이 고민하는 지점을 쉽게 통과할 수 있었다.

실제로 인지심리학은 심리학의 영역에 그친 학문이 아니다. 최근 교육학, 의학, 뇌과학, 컴퓨터과학 등 다양한 학문들과의 연계를 통해 '인지과학'이라는 융합학문으로 발전했다. 생각코딩은 인지심리학의 광범위한 연구에 근거하여 교육학, 언어학, 경영학, 컴퓨터과학 등 다양한 학문 분야의 원리

및 방법들과 접목해 공부, 독서, 업무 등 우리의 생활 속에서 활용할 수 있
는 방법에 대한 결과물이다.

생각정리를 잘하고 싶은가? 효과 있는 자기계발을 하고 싶은가? 이제는
두뇌가 정보를 처리하는 프로세스에 대해 먼저 이해하자. 그리고 이를 달
성하기 위해 필요한 다양한 도구들을 활용해보자.

(2장)

창의성은
타고난 재능이 아닌 기술이다

창의성에 대한 오해

창의성은 특별한 소수만이 가지는 선천적 능력으로 여겨졌다. 고대 그리스 철학자 플라톤이 "시인은 뮤즈Muse 여신이 말해주는 것만 창작할 수 있다"고 말했을 정도로, 창의성은 '신의 도움'에 의해 발휘되는 선물이었다.

위인전을 읽다보면 주인공이 보통 사람은 생각하지 못한 아이디어를 제시함으로써 문제를 해결하는 스토리를 쉽게 볼 수 있다. 그리스의 수학자 아르키메데스가 목욕을 하다 갑자기 떠오른 생각에 길거리로 뛰쳐나와 '유레카(알아냈다)'를 외치던 모습처럼 말이다.

하지만 창의성creativity의 어원을 살펴보면, 우리의 일반적인 생각과는 많이 다르다. create는 '자라다, 성장하다'는 뜻의 라틴어 crescere를 어원으로 한다. 음악에서 '점점 강하게'를 뜻하는 crescendo(크레셴도)가 crescere

의 진행형이다. crescent(초승달), increase(증가)도 crescere의 파생어다. 어원만 보면 창의성은 갑자기 툭 나오는 것이 아니라 점진적으로 자라서 만들어지는 결과물이라고 해석된다.

현재 심리학계에서는 창의성을 '새롭고 유용한 것을 생각해내는 능력'이라고 정의한다. 즉, 기발하고 신기하다고 여기는 '새로움'과, 사람들이 적절하고 가치 있다고 인정하는 '유용성'이 동시에 인정되어야 한다. 이러한 정의에 빗대어보면, 창의성은 특별한 것이 아니라 인간이 본래 가지고 있는 능력이다. 우리는 비가 올 때 우산이 없으면 가방으로 머리를 가리고, 물을 마실 때 컵이 없으면 손을 이용해 마신다. 인간은 개인적으로나 사회적으로 이전과는 다른 '새롭고', '유용한' 생각을 함으로써 지금의 문명을 발전시켜왔다.

창의성은 천재만이 가진 전유물이 아니다. 창의성은 우리에게 없는 게 아니라, 우리가 꺼내지 못하는 것이다. 창의적 사고의 프로세스에 대해 이해하고 훈련한다면 창의적 사고는 점점 자라날 것이다.

창의성은 어떻게 만들어지는가?

창의성에 대한 연구는 1950년 미국심리학협회 회장 길포드에 의해 본격적으로 시작되었다. 길포드는 창의적인 사람들의 특성을 연구함으로써 노력을 통해 창의성을 가질 수 있음을 증명하고자 했다. 이후 많은 학자의 연구에 힘입어 창의성은 훈련을 통해 개발될 수 있다고 검증되었다.

하버드대학교 사회심리학자 아마바일 교수는 창의성이 발현되는 과정이

'수프 만들기'와 유사하다고 봤다. 아마바일은 사람의 마음을 솥이라고 가정했을 때, '전문 지식'이라는 기본 음식 재료를 넣고, '창의적 사고 기술'이라는 양념을 뿌린 다음, '내적 동기'라는 뜨거운 불로 끓이면, '창의성'이라는 맛있는 수프가 탄생한다고 보았다. 즉, 전문 지식Expertise, 창의적 사고 기술 Creative Thinking Skills, 내적 동기Motivation가 창의성의 구성 요소라는 것이다.[4]

창의성이 발휘되려면 우선 해당 분야의 지식이 있어야 한다. 여기서 지식은 '학습된 교육뿐만 아니라 해당 분야의 업무를 통해 축적된 경험'을 말한다. 해당 분야에 대한 지식을 습득하지 않은 채 새롭고 유용한 생각을 하려는 자세는 요행을 바라는 것이다. 또한 창의성은 일에 대한 흥미, 즐거움, 도전감 등을 의미하는 내적 동기를 필요로 한다. 돈이나 명예와 같은 외적 동기는 주어진 목표를 달성하는 데 효과적일 수 있으나 목표를 뛰어넘는 성과를 내기는 어렵다. 일 자체에서 즐거움과 성취감을 느낄 때 자발성과 끈기, 인내심 등의 내적 동기가 비로소 발현되기 때문이다.

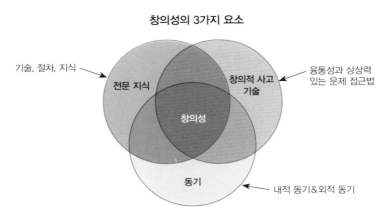

창의성의 3가지 요소

기술, 절차, 지식 — 전문 지식

창의적 사고 기술 — 융통성과 상상력 있는 문제 접근법

창의성

동기 — 내적 동기&외적 동기

• 출처: Teresa M. Amabile, "How to Kill Creativity," *Harvard Business Review*, September–October 1998, 77–87.

전문 지식과 내적 동기도 중요하지만, 이것만으로는 창의성이 발휘되기 어렵다. 즐거움을 느끼면서 오랜 기간 지식을 습득하더라도 기존에 하던 사고의 틀에 갇혀 있으면 새롭고 유용한 생각을 하는 데 제약이 따른다. 이때 창의적 사고 기술이 필요하다. 창의적 사고 기술은 습득된 전문 지식 속에서 기술적으로 좋은 것, 충분한 것, 응용 가능한 성과를 가져오도록 하는 사고의 기술이며, 현존하는 아이디어들을 새롭게 조합하는 능력을 통해 문제와 해결책에 접근하는 방식이다.[5] 아마바일은 다른 학자들과 달리 창의적 사고 기술을 창의성의 구성 요소로 언급함으로써 창의적 사고를 훈련을 통해 습득 가능한 '기술'의 영역으로 만들었다.

발산했으면 수렴으로 마무리하라

'브레인스토밍Brainstorming'은 우리에게 널리 알려져 있는 창의적 사고 기술 중 하나다. 미국의 광고회사 BBDO의 부사장인 오스본은 1939년 '모든 의견은 동등하게 귀중하다'는 철학으로 브레인스토밍을 처음으로 창안했다. 오스본은 직원들이 창의적인 생각을 떠올리지 못하는 문제점을 해소하기 위해 직접 아이디어 회의를 주최하다가 브레인스토밍을 만들어냈다. 브레인스토밍은 크게 4가지 규칙으로 이루어져 있다.

① 비판 금지: 구성원들이 제시한 아이디어에 대해 비판하지 않는다.
② 질보다 양: 최대한 아이디어의 수가 많으면 좋다.
③ 자유분방: 무모해 보이고 엉뚱한 아이디어라도 자유롭게 말한다.

④ 결합과 개선: 다른 구성원들이 제안한 아이디어를 조합하여 다른 아이디어를 만들려고 노력한다.

이처럼 브레인스토밍은 집단의 구성원들이 하나의 구체적인 문제에 초점을 두고 가능한 한 많은 아이디어를 생성해내기 위한 기법이다. 원래는 집단의 문제 해결을 위해 만들어졌지만 개인적으로 사용할 수도 있다. 아이디어를 말로 표현하기 어렵다면 종이에 써서 제출할 수 있다. 이를 브레인라이팅Brainwriting이라고 부른다. 브레인스토밍과 브레인라이팅은 다양한 아이디어를 취합할 수 있다는 장점이 있다.

브레인스토밍이 창의적 사고 기술의 대명사처럼 쓰이다 보니 창의적 사고에 대한 오해도 생겨났다. 브레인스토밍처럼 생각나는 대로 자유롭게 발상하는 기법이 창의적 사고 기술의 전부라고 여겼던 것이다. 창의적 사고 기술은 크게 '발산적 사고 기술'과 '수렴적 사고 기술'로 나뉜다. 발산적 사고 기술은 생각을 자유롭게 확산시키는 기술을 말한다. 브레인스토밍, 브레인라이팅, 속성열거법, 강제연결법, 스캠퍼 등이 이에 해당된다. 발산적 사고 기술은 많은 아이디어를 생성하는 데 유용하다. 그러나 여기서 그친다면 창의적 사고는 반쪽의 상태에 머문다. 발산한 많은 아이디어 가운데 최적의 대안들을 현실에 구현할 수 있는 형태로 바꾸어야 한다. 이를 위해 수렴적 사고 기술이 필요하다.

수렴적 사고 기술은 주어진 문제를 해결하기 위해 다양한 대안을 분석하고 평가해 가장 적합한 문제를 선택하는 기술이다. 브레인스토밍을 예로 들어보자. 브레인스토밍을 통해 다양한 아이디어가 나열되었다. 이제 이 아이디어들을 유사한 내용끼리 그룹을 지어보자. 그리고 이 그룹들의 항목을

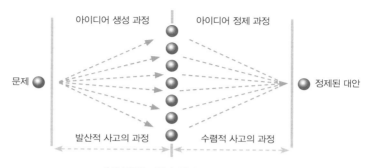

창의적 사고 매커니즘

아이디어 생성 과정   아이디어 정제 과정

문제   정제된 대안

발산적 사고의 과정   수렴적 사고의 과정

• 출처: 중앙일보, 〈배경지식 쌓으려면 독서가 '보약'〉, 2006년.

만들어보자. 그러면 브레인스토밍의 내용들 중 부족한 부분이 보인다. 또한 나열된 아이디어들을 비판할 수 있게 된다. 이런 과정을 역브레인스토밍 Reverse Brainstorming이라고 한다.

발산과 수렴의 프로세스가 종합되어 창의적 사고로 발현되는 과정을 예시로 설명해보겠다. 만약 다음과 같은 궁금증이 생겼다고 가정해보자.

'강남 ○○○ 음식점은 왜 사람이 많을까?'

음식점마다 다양한 컨셉과 특징이 있기 때문에 하나로 일반화하기 어렵지만 생각나는 대로 생각을 꺼내보자.

맛있어서

친절해서

인테리어가 예뻐서

저렴해서

소셜미디어에 많이 소개되어서

주변에 문화 시설이 많아서

저렴해서

직원이 잘생겨서

TV에 나와서

이렇게 생각나는 대로 자유롭게 의견을 꺼내보는 것이 바로 발산적 사고의 과정이다. 더 이상 생각이 안 난다면 이제 수렴적 사고를 할 차례다. 이번에는 생각들의 공통적 속성을 찾아 그룹으로 묶어보자. 전문성에 따라 그룹으로 묶는 방법은 다를 수 있으니 자신의 배경지식에 맞게 나누어보자.

· 음식　　맛있어서

　　　　　저렴해서

· 서비스　친절해서

　　　　　직원이 잘생겨서

· 마케팅　TV에 나와서

　　　　　소셜미디어에 많이 소개되어서

· 환경　　내부 환경 – 인테리어가 예뻐서

　　　　　외부 환경 – 주변에 문화 시설이 많아서

이렇게 묶는 과정이 끝이 아니다. 이번에는 음식, 서비스, 마케팅, 환경 항목 아래에 어떤 하위 항목들이 추가될 수 있는지를 생각해보자. 각각의 세부 항목들은 다른 항목들에 영향을 줄 수도 있다. 예를 들어 블로그에 많이 소개되는 이유를 생각해보면, 음식이 맛있기 때문일 수도 있지만, 음식의 플레이팅plating이 사진을 찍어서 인스타그램에 업로드하고 싶은 마음을 자극하기 때문일 수도 있다. 또한 가족들과 먼 곳에서 자동차를 타고 와야 하는 상황이라면, 주차시설이 갖춰져야 방문이 가능할 수 있다. 이처럼 이 항목들에 부족한 부분을 채워보자.

- 음식　　맛있어서

　　　　　저렴해서

　　　　　음식 플레이팅이 예뻐서

　　　　　메뉴가 다양해서

　　　　　재료가 신선해서

- 서비스　친절해서

　　　　　직원이 잘생겨서

　　　　　양이 많아서

- 마케팅　TV에 나와서

　　　　　소셜미디어에 많이 소개되어서

　　　　　이벤트를 많이 해서

- 환경　　내부 환경 – 인테리어가 예뻐서

　　　　　　　　　　 – 청결해서

　　　　　외부 환경 – 주변에 문화 시설이 많아서

　　　　　　　　　　 – 유동인구가 많아서

　　　　　　　　　　 – 주차 공간이 있어서

　창의적 사고 기술은 생각을 자유롭게 펼치는 데서 그치지 않는다. 다양한 아이디어를 현실에 접목 가능한 상태로 만드는 작업, 즉 수렴적 사고 기술의 과정까지 도달해야 창의적 사고를 한다고 할 수 있다. 수렴적 사고 기술의 과정은 '구분'과 '연결'을 잘해야 제대로 이루어진다. 즉, 진정한 창의성의 발현은 생각정리의 핵심인 '개념적 범주화'와 '개념적 혼성'이 모두 이루어져야 가능하다고 할 수 있다. 창의성은 과거 사람들의 생각처럼 특별한 사람이나 천재들만의 영역이 아니다. 창의성의 구성 요소에 따라 각 영역들에 대한 훈련을 충분히 한다면 누구나 창의적인 사람이 될 수 있다.

3장

디지털 시대, 두뇌의 정보 정리 시스템에 주목하라

선택 장애는 우리의 잘못이 아니다

인터넷과 기술의 발달은 우리의 삶을 획기적으로 변화시켰지만, 워낙 많은 양의 정보가 쏟아지다보니 자신의 상황에 맞는 양질의 정보를 검색하고 선택하는 것을 어렵게 만들었다. 이런 상황은 최근 '결정 장애' 또는 '선택 장애'라는 용어를 탄생시켰다. '결정 장애'는 결정이나 선택을 해야 하는 순간에 어느 한쪽을 고르지 못해서 괴로워하는 심리적 어려움을 말하는 말이다. 셰익스피어의 《햄릿》에서 주인공 햄릿이 사는 것과 죽는 것 사이에서 선택을 못하고 갈등을 했던 장면을 빗대어 '햄릿 증후군'이라고도 부른다. 최근에는 본인 대신 선택을 해주는 애플리케이션도 쏟아지고 있다. 하지만 결정 장애의 발생은 순전히 우리의 잘못 때문이 아니다. 결정 장애의 원인에 대한 학자들의 다양한 연구가 있지만, 그중 하나인 '그림자 노동'에 주목할 필요가 있다.

'그림자 노동'은 임금에 기초한 상품경제하에서 보수를 받지 않고 행동하는 노동'을 의미하는 말로서, 이반 일리치가 주부의 가사 노동을 빗대어 말했던 것이 현재 다양한 분야에 확장되어 사용되고 있다. 〈하버드 비즈니스 리뷰〉의 저널리스트인 크레이그 램버트는 《그림자 노동의 역습》에서 기업이 하던 많은 일이 개인과 소비자에게 넘어가고 있다고 지적했다.[6]

최근 출시된 스마트폰에는 2~3장의 간단한 설명서만 들어 있다. 자세한 사용 설명서를 읽고 싶으면 스마트폰 제조사의 웹사이트에서 소비자가 직접 다운로드해야 한다. 휴대폰, 카드 등의 청구요금도 이제는 직접 이메일이나 웹사이트에서 확인할 수 있다. 물론 우편으로 받아볼 수 있지만 기업들은 요금 할인이라는 명목하에 디지털 요금 청구서로 전환하도록 소비자를 유도한다. 이 외에도 맥도날드, 스타벅스 등의 프랜차이즈 음식점들은 점점 직원들을 채용하기보다 소비자가 터치스크린으로 직접 주문하도록 한다.

기업의 비용 절감을 위해서든 소비자의 기호를 존중하기 위해서든 결국 이러한 현상은 우리의 여유 시간을 뺏고 할 일의 목록을 늘린다. 철학자 데카르트는 수많은 정보의 생산에 대해 다음과 같이 우려했다.

> 설사 책에 모든 지식이 담겨 있다 하더라도 그것이 수많은 쓸모없는 것들과 뒤섞여 있고, 또 저렇게나 엄청난 양으로 아무렇게나 쌓여 있다면 평생을 읽어도 다 읽지 못할 것이다. 저 잡동사니 속에서 유용한 것을 고르는 데 드는 노력이면 차라리 자기가 직접 알아내는 것이 더 쉬울 것이다. [7]

이처럼 인터넷과 기술의 발달은 양질의 정보를 얻을 수 있는 가능성을 열어주었지만 한편으로는 많은 시간과 에너지를 쏟게 만들었다. '핑프족'(기존에 있는 글을 확인하지 않고 새로운 질문을 올려 타인에게 답을 구하는 핑거 프린스족의 줄임말)이라는 신조어는 정보의 홍수 속에서 스트레스를 받는 사람들이 얼마나 많은지 보여준다.

뇌의 주의 시스템 이해하기

정보와 선택이 범람하는 시대에 머릿속을 단순하고 명쾌하게 정리하는 방법에 대한 관심은 점점 커지고 있다. 이를 위해 두뇌의 정리 시스템에 대해 이해가 선행되어야 한다. 두뇌가 정보를 받아들이고 처리하는 방식을 이해하면 의식적인 노력을 통해 두뇌가 좋아하는 방법대로 생각할 것이기 때문이다.

대니얼 J. 레비틴은 '1만 시간의 법칙'이라는 개념을 창시한 인지심리학자이자 미국의 베스트셀러 작가다. 레비틴은 《정리하는 뇌》에서 뇌의 작동 방식을 '있는 그대로의 상태'로 인정하는 것이 사람이 정리를 잘할 수 있는 기초 전제라고 주장한다.[8] 즉, 인간의 두뇌가 생존에 유리한 작동 방식을 따르도록 이미 정해져 있다는 것이다. 그렇다면 생존에 유리한 작동 방식이란 무엇일까?

인간의 두뇌는 현재 관심 있는 일에만 집중하고, 나머지는 무시하도록 설계되어 있다. 요즘에는 카페에서 귀에 이어폰을 꽂은 채 노트북으로 공부나 업무를 한다. 집에서는 TV로 영화를 보면서 스마트폰으로 메시지를 보내고 과자를 집어먹는다. 여러 가지 일을 한꺼번에 처리하는 것은 우리의 두뇌 작동 원리를 모르고 하는 행동이다.

우리의 두뇌는 컴퓨터와 달리, 동시에 주의를 기울일 수 있는 대상이 제한되어 있다. MIT대학교의 뇌신경학자 얼 밀러는 "멀티태스킹은 단지 하나의 일에서 다른 일로 매우 빨리 전환되는 방식이며, 멀티태스킹을 할 때마다 우리에게는 '인식의 비용'이 든다"고 주장한다.[9] 의식이 있는 정상 상태에서 두뇌는 초당 120비트의 속도로 정보를 처리한다. 누군가의 말을 이해하는 데 소비되는 정보 처리 속도는 초당 60비트다. 즉, 동시에 지구상의 수십억 명 중 단지 2명이 말하는 것만 간신히 이해할 수 있다는 결론이다.

두뇌의 주의 시스템의 한계를 보여주는 유명한 실험이 있다. 바로 하버드대 심리학과의 대니얼 사이먼스와 크리스토퍼 차브리스의 '보이지 않는 고릴라' 실험[10]이다.

두 사람은 실험 전에 영상을 하나 제작했다. 한 팀에 3명씩 두 팀으로 나눠 3 대 3 농구를 하는 장면을 담았다. 이때 한 팀은 흰색 운동복을, 다른 한 팀은 검은색 운동복을 입었으며, 6명 모두의 표정까지 생생히 담을 정도로 가까이서 찍었다. 이 영상을 제작한 뒤 피실험자들에게 흰색 티셔츠를 입은 팀원들이 공을 몇 번 주고받는지를 세어보도록 했다. 영상을 본 대부분의 피실험자들은 총 16번이라고 대답했다. 정답이었다. 하지만 그들에게 이렇게 다시 물었다.

"영상 속에 나온 고릴라를 보았나요?"

피실험자들은 대부분 어리둥절해했다. 고릴라를 봤다고 대답한 사람이 거의 없었던 것이다. 그들에게 같은 영상을 다시 보여주었다. 이때는 패스 횟수를 세지 말고 시청하도록 했다. 놀랍게도 1분도 지나지 않아 고릴라 인형을 쓴 사람이 나타나 화면 정중앙에서 가슴을 두드리는 장면이 나왔다.

영상을 본 사람 대다수가 고릴라를 보지 못했다고 답한 이유는 무엇일까? 바로 '부주의맹' 때문이다. 부주의맹은 인간이 집중하는 일 이외에 다른 현상에 대해서는 무시하는 인지적 행태를 말한다. 쉽게 말해, 주의 시스템에 과부하가 발생하는 현상이다. 이처럼 인간의 주의 시스템 용량에는 분명히 한계가 존재한다. 인간의 두뇌는 지금 내가 관심 있는 것에 집중하고 나머지는 무시하도록 설계되어 있는 것이다.

두뇌의 정보 정리 시스템 활용하기

여러 가지 일에 동시에 주의를 기울이는 데 한계가 있는 두뇌의 인지과부화에 대처하려면 어떻게 해야 할까? 두뇌의 정보 정리 시스템을 가동하면 된다. 이에 대한 구체적인 방법에는 크게 '기억의 범주화'와 '기억의 외부화'가 있다.

기억의 범주화는 뇌 자체의 정리 시스템을 활용하는 방법이다. 앞 장에서도 살펴봤듯이 범주화는 인류의 탄생과 함께한 두뇌의 주요 인지 기능이다. 엄마의 젖과 젖이 아닌 것부터 시작해, 먹을 수 있는 것과 없는 것, 살아있는 것과 죽은 것, 생명체와 비생명체 등을 구분함으로써 인간은 생존을 이어나갈 수 있었다. 나아가 언어의 습득을 통해 동물과 차별화된 '개념적 범주화'를 함으로써 활발한 의사소통을 할 수 있었다. 외양, 특성, 상황 등에 근거해 비슷한 사물들을 하나의 범주로 통합함으로써 우리는 에너지를 고갈시키는 많은 사소한 결정으로부터 해방되고 중요한 일에 집중할 수 있게 된다.

기억의 외부화는 정보와 선택의 과부화의 상황 속에서, 머리 바깥에서 우리를 도와주는 시스템을 활용하는 방법이다. 통신 기술과 인터넷의 발명 전까지 가장 효과적인 뇌 확장 장치는 바로 책이었다. 특히 구텐베르크의 인쇄기는 인류 문명의 획기적인 발전을 불러일으킨 혁신적인 발명품이었다. 책 이외에도 다이어리, 일기, 메모장 등의 도구들은 뇌의 확장 장치로서의 역할을 성실히 수행했다.

스마트폰은 뇌 확장 장치들을 비약적으로 발전시켰다. 이전에는 각각 아날로그 방식으로 사용했던 도구들을 스마트폰 하나로 간편하게 사용할 수 있게 되었다. 캘린더, 연락처, 할 일 목록, 가계부 등의 클라우드 서비스 기반 애플리케이션은 PC, 스마트폰, 태블릿 같은 다양한 스마트 기기들과 연동된다. 또한 내비게이션 및 지도 애플리케이션 덕분에 낯선 곳으로 여행하거나 출장을 갈 때 편리하게 길을 찾을 수 있게 되었다.

다양한 뇌 확장 장치의 발명은 우리에게 많은 것을 기억해야 하는 부담을 덜어주었다. 기억의 외부화는 최근 들어 업무 생산성을 높이는 중요한 방법으로 자리 잡고 있다.

문제해결사가 되어라

지금까지 수많은 정보에 파묻혀 생각이 정리가 안 되는 자신을 탓해왔는가? 이제는 그럴 필요 없다. 생각정리가 잘 안 된 것은 두뇌의 정보 처리 시스템에 대한 이해가 부족했기 때문이다. 위에서 살펴봤듯이 생각정리는 단순히 생각정리 기법 몇 가지를 사용한다고 이루어지지 않는다.

생각코딩은 우리 두뇌의 생각정리 시스템을 근본적으로 활용하는 방법이다. 우선 인간이 태어날 때부터 가지고 있는 범주화 능력을 향상시키기 위해 인지심리학의 이론과 이를 경영학적으로 활용한 맥킨지의 문제해결 기술에 주목한다. 범주화에 대한 훈련을 쉽게 할 수 있도록 문장, 단락, 지문 등 언어를 기반으로 하여 범주화 능력을 차근차근 향상시켜준다. 언어의 가장 중요한 기능 중 하나가 바로 '구분'인 만큼, 언어는 생각정리의 핵심인 생각과 생각의 경계를 분명히 하는 작업에 있어 탁월한 도구로 충분히 활용될 수 있다.

또한 생각코딩은 기억의 외부화 작업을 효율적으로 할 수 있도록 다양한 뇌 확장 장치를 활용한다. 특히 아날로그 도구보다는 디지털 도구를 주로 활용함으로써 개인적으로나 사회적으로 지식을 연결하고 확장시키는 데 초점을 둔다. 뇌 확장 장치의 적극적인 활용은 지식과 지식을 효과적으로 연결함으로써 창의성이 발휘되는 사회를 만드는 데 일조할 것이다.

생각코딩의 또 다른 특징은 공부, 독서, 업무에 바로 적용할 수 있다는 점이다. 어떤 일을 할 때 우리는 먼저 정보를 습득해야 한다. 정보의 핵심을 정확하게 파악하려면 정보를 만들어낸 사람의 생각을 알아내야 한다. 정보 생산자의 생각을 알아낸다는 것은 결국 그 사람의 머릿속에 있는 생각의 범주화 및 구조화의 형태를 아는 것이라고 할 수 있다. 따라서 생각코딩은 공부, 독서, 업무 속에서 범주화 및 구조화를 잘할 수 있는 방법들을 구체적으로 제시함으로써, 근본적인 학습역량과 업무역량을 향상시키는 것을 목표로 한다.

모든 사람에게 딱 맞는 단 1개의 생각정리 법칙은 존재하지 않는다. 두뇌의 정보 처리 시스템을 있는 그대로 인정하고 이에 따라 어떤 일을 효과적으로 하려고 한다면, 어떤 문제든지 잘 처리하는 '문제해결사'가 될 수 있다.

2부

논리코딩:
인지과학과
로지컬 씽킹의 만남

1장

범주화가 생각정리의 시작이다

인간의 두뇌는 구두쇠?

성공하는 사람들이 대부분 갖고 있는 공통 특징이 있다. 모든 일을 효율적으로 분류하고 정리하는 습관이다. 성공하는 사람들은 지금 할 일과 나중에 할 일을 명확히 구분하는 능력을 가지고 있다. 중요도나 긴급성이라는 기준에 따라 자신의 상황에 맞게 우선순위를 정할 수 있어야 어떤 일을 남보다 잘해낼 수 있다.

성공하는 사람들은 공간 분류에도 뛰어나다. 여기서 공간이란 디지털 세계까지 포함한 현실과 가상공간 모두를 의미한다. 그들이 일하는 환경은 대체로 잘 구분되어 있다. 서류나 물품을 필요할 때 빠르게 찾을 수 있어야 업무를 효율적으로 처리할 수 있기 때문이다. 디지털 공간도 잘 정리되어 있다. 이메일을 읽은 뒤, 당장 행동이 필요한 편지와 조금 시간을 갖고 처리할 편지, 버려도 되는 편지를 잘 구분할 수 있어야 한다. 컴퓨터에서 폴더나 파일을 잘 정돈해놓아야 필요할 때 찾는 시간을 최대한 단축시킬 수 있다.

한 분야에서 최정상에 오른 사람들의 습관을 추적한 책 《타이탄의 도구》의 저자 팀 페리스는 성공하는 사람들은 공통적으로 '아침에 일어나자마자 침대부터를 정리하는 습관이 있다'는 점을 발견했다.[1] 성공하는 사람들은 자신의 기준에 따라 시간, 공간, 생각을 효율적으로 분류하는 능력을 갖고 있다.

인지심리학에서는 이와 같이 삶의 효율성을 높이기 위해 시간, 공간, 일 등을 자신의 기준에 따라 나누는 작업을 '능동적 분류'라고 부른다. 성공하는 사람들이 일에 집중할 수 있는 비결은 바로 이 '능동적 범주화'에 있다. 일의 우선순위가 명확하기 때문에 다가오지 않은 일에 대해 걱정할 필요가 없는 것이다.

캘리포니아대학교의 엘리너 로쉬 교수는 1970년대에 동료들과의 연구를 통해 범주화가 '인지적 경제성cognitive economy'을 위해 발달된 능력이라는 결과를 발표했다.[2] 인지적 경제성은 한번에 처리해야 하는 정보가 너무 많을 때, 정보로서의 가치가 가장 높은 것을 선택하는 경향을 말한다. '어떤 생각을 하는 데에 최소의 노력을 들이려는 성향'이라는 걸 부각해서 '인지적 구두쇠'라고도 표현한다.

만약 세상에 존재하는 모든 물체에 각각의 이름을 붙이면 어떨까? 아마우리 머릿속은 항상 복잡할 뿐만 아니라, 사람들과 의사소통을 하는 데에도 어려움을 겪을 것이다. 내가 생각하는 대상과 남이 생각하는 대상이 일치하지 않을 경우가 대부분일 테니 말이다. 산에서 '짹짹' 소리가 들릴 때 새가 운다고 표현하지, 붉은머리오목눈이가 운다고 하지 않는다.

이처럼 인지적 경제성을 위해 붉은머리오목눈이, 까마귀, 제비 등을 '새'라는 보편적인 개념으로 표현하는 작업을 '기본 수준의 범주'라고 말한다. 기본 수준의 범주는 대부분의 사람이 자연스럽게 떠올리는 수준의 범주를 의미한다. 물론 자연스럽게 떠올리는 수준은 시대와 상황에 따라 변할 수 있다. 보통 특정 영역에 대해 많은 지식을 가진 전문가들은 개념에 대한 하위 수준까지 많이 알고 있다. 범주화는 우리의 지식 수준에 따라 달라질 수 있다.

범주화의 3가지 유형

그렇다면 우리 뇌에서 범주화는 어떤 방식으로 만들어질까? 인지심리학에서는 범주화의 유형을 총 3가지로 구분해 설명한다.

첫째, '외형적 범주화'다. 이는 전체적 외양이나 세부적 외양을 기반으로 범주를 나누는 것이다. 예를 들어, 검정 연필, 색연필, 샤프펜슬을 모두 하나의 필통에 넣는 행위는 '필기구'라는 외양에 따른 분류다.

둘째, '기능적 범주화'다. 이는 사물의 기능적 유사성을 기반으로 범주를 나누는 것이다. 예를 들어, 비가 내릴 때 우산이 없으면 책받침이나 손을 이용해 머리가 젖는 것을 방지한다. 또한 화장실 변기가 막혔을 때 철사 옷걸이나 페트병은 '뚫어뻥'이라고 불리는 압축기의 기능을 대신한다. 배가 고픈데 밥이 없을 때 라면을 끓여먹는 것도 '음식'이라는 '기능적 범주화'의 유형이다.

셋째, '상황적 범주화'다. 이는 특정 상황을 기반으로 범주를 나누는 것이다. 문제를 하나 풀어보자. '지갑, 보석, 사진, 애완동물'이라는 단어들은 어떤 범주로 묶어볼 수 있을까? '외형적 범주화'나 '기능적 범주화'로 생각했을 때에는 한 범주로 묶기가 어렵다. 그러나 '집에 불이 났을 때 가지고 나와야 할 것'이라고 하면 이들을 하나로 묶을 수 있다.

인지심리학에서는 이 3가지 범주화의 규칙에 따라 항목들을 정확히 분류하면 뇌 속에 도파민이 분비되어 뉴런과 뉴런을 연결하는 시냅스를 강화시킨다고 말한다.

동양과 서양은 세상을 다르게 본다

범주화의 유형을 알고 있더라도 범주화의 작업은 생각보다 쉽지 않다. 하지만 문제는 어쩌면 우리가 아니라, 우리가 어느 문화권에 살고 있느냐 하는 것일 수 있다. 문제를 하나 풀어보자. 다음 그림에서 가운데 꽃은 A그룹과 B그룹 중 어디에 속한다고 생각하는가?

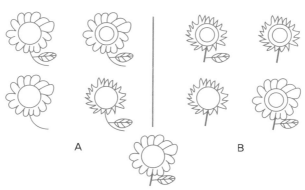

• 출처: 〈EBS 다큐프라임: 동과 서〉, 한국교육방송공사, 2009년.

당신은 무엇을 선택했는가? 흥미롭게도 동양인은 A라고 대답한 경우가 많았고, 서양인은 B라고 대답하는 경우가 많았다. 이런 차이점은 어디서 비롯되었을까? 미시간대학교 심리학과 석좌교수인 리처드 니스벳은 '인간은 누구나 동일한 인지 과정을 가지고 있고, 사고 과정과 사고 내용은 독립적'이라고 생각하던 보편주의자였다. 그러다가 어느 날 중국 출신의 한 대학원생과 대화한 것이 계기가 되어 동양과 서양의 사고방식의 차이에 관심을 가졌다. 니스벳 교수는 미국 미시간대학교, 중국 베이징대학교, 일본 교토대학교, 한국 서울대학교와 함께 체계적인 연구를 수행했고, 그 연구 결과를 근거로 동양과 서양의 사고방식의 차이에 대한 이론을 정립했다.

그의 책《생각의 지도》에서 니스벳 교수는 동서양 사고방식의 차이에 대한 근본적 원인을 고대 그리스에서부터 비롯된 '분석적 사고Analytic thinking'와 고대 중국에서부터 비롯된 '종합적 사고Holistic thinking'에서 찾는다.[3]

'분석적 사고'는 사물을 개별적으로 관찰하고 공통된 규칙에 따라 분류하는 것을 말한다. 과학Science의 어원이 '나누다, 분리하다'를 의미하는 sceadan이라는 점을 봤을 때, 분석적 사고가 과학에 영향을 미치는 것을 알 수 있다. 또한 이성Reason도 비례Ratio를 어원으로 하고 있는데, 이 역시 사물을 분리하고 해석함으로써 규칙성을 발견하려는 서양인의 분석적 사고로부터 영향을 받았다고 할 수 있다.

이에 반해 고대 중국인은 '모든 것이 연결된다'는 '종합적 사고'를 기반으로 생각했다. 2,500여 년 전에 고대 중국인이 이미 조수간만의 원리를 이해했으며, 손바닥이나 발바닥에 인체의 전체 지도가 들어 있다고 생각하여 침이나 뜸으로 치료를 했던 점을 보면 이들의 사고방식을 알 수 있다.

규칙성에 따라 분류하는 분석적 사고에 기반한 서양 문화권에서는 범주화 작업에 익숙하다. 실제로 발달심리언어학자인 앨리슨 고프닉과 최순자의 연구에 따르면, 동양의 어린이는 서양의 어린이에 비해 훨씬 늦은 시기에 범주화를 배운다고 한다. 각각 한국어, 프랑스어, 영어를 사용하는 어린이를 1세 중반부터 관찰한 결과, '범주화를 하고, 사물의 이름을 대는 기술'이 한국어를 쓰는 아이들에게서 늦게 발달한다는 사실을 발견했다.[4]

다시 위의 문제로 돌아가 동양인과 서양인은 어떤 기준으로 선택을 했을까? 종합적 사고에 익숙한 동양인은 A그룹의 꽃들이 대부분 둥근 꽃잎을 가지고 있기 때문에 A그룹을 선택했다. 모든 잎이 둥글지는 않았음에도 말이다. 반면 서양인은 꽃의 구성 요소를 각각 분석한 다음, B그룹 꽃들의 줄기가 모두 직선으로 되어 있다는 점을 파악하고 B그룹을 선택했다. 이처럼 동양인은 서양인에 비해 규칙이나 범주를 사용하는 것에 익숙하지 않다는 점을 알 수 있다. 따라서 범주화에 어려움을 겪는 자신에 대해 자책할 필요가 없다.

범주화의 목적

그렇다고 범주화를 단순히 분석적 사고를 위한 도구로 해석하면 안 된다. 범주화는 지식을 '조직화organization'하는 수단이다. 지식의 조직화는 정보를 이해하기 쉬운 형태로 변형하는 작업이다. 이해하기 쉬운 형태란 사람마다 정의하기 나름이다. 그래서 새로운 정보를 기존에 갖고 있는 지식과 연결 및 통합하여 자신만의 범주화를 만들어내는 것이 중요하다. 즉 범주화는 지식을 조직화하는 종합적 사고를 발휘하기 위한 작업이다.

그리스 철학자 아리스토텔레스는 과학적 탐구의 방법으로 귀납적 분석과 연역적 분석이 모두 필요하다며 여러 실험을 진행했다. 아리스토텔레스 이후, 데카르트도 발견의 방법으로서 '분석'이, 증명의 방법으로서 '종합'이 필요하다고 주장했고, 경험론과 합리론의 주장을 통합한 칸트도 《순수이성비판》에서 인간의 종합 판단과 분석 판단에 대해 언급한다. 이처럼 서양철학의 뿌리를 봐도 '분석적 사고'와 '종합적 사고'는 서로 영향을 미치며 통합되어왔다.

2장

기억은 하는 것이 아니라 되는 것이다

기억이란 무엇인가?

생각은 우리 두뇌에 저장되어 있는 기억들이 연결되는 현상이다. 머릿속에 있는 기존 지식을 잘 엮어준다면 생각을 훨씬 더 잘할 수 있다. 그러기 위해서는 먼저 기억이 무엇인지에 대해 알 필요가 있다.

기억이란 무엇일까? 기억이라고 하면 일반적으로 사람이름이나 영어단어, 전화번호 등을 외우는 행위를 떠올린다. 그러나 조금 더 깊이 생각해보면, 기억은 인간의 삶을 인간답게 해주는 중요한 도구다. 가족, 친구, 연인 등 소중한 사람들과의 추억을 떠올리는 것도 기억이며, 자전거 타는 법이나 피타고라스 정리 등을 익히는 것도 기억이다. 우리는 기억이라는 도구를 통해 사람들과 관계 맺고 어떤 것을 학습할 수 있다.

나아가 기억은 인류의 생존과 문명의 발전에 없어서는 안 될 핵심 도구다. 고대 인류는 어떤 것이 먹을 수 있는 음식인지, 어디로 가야 안전하게 잠을 잘 수 있는지 기억해야 살아남을 수 있었다. 지도자는 부족을 지키기 위해 우수한 기억력을 필수적으로 지녀야 했다. 그리고 이런 지식이 축적됨으로써 생존과 문명 발전에 필요한 정보들이 지금까지 전해진 것이다.

미국 조지워싱턴대학교 신경학 교수인 리처드 레스텍은 "인간은 기억의 존재이며, 기억의 풍요로움은 그 삶이 누구인지를 결정한다"고 말했다.[5] 그만큼 기억은 인간이 지닌 가장 오래된, 그리고 인간을 인간답게 만드는 원초적인 요소이자 문명을 발전시킨 모든 인지적 활동의 기본이라고 할 수 있다. 즉, 인간은 태어날 때부터 수많은 경험 중 생존과 생활에 필요한 정보는 기억하도록 프로그래밍되어 있는 존재다.

종이와 인쇄술의 발달을 시작으로 기억의 필요성이 점차 줄어들다가, 컴퓨터와 스마트폰의 대중화는 기억력의 중요성을 급격히 떨어뜨렸다. 하지만 우리 자신이 누구인지, 어떻게 살아왔는지, 그리고 앞으로 어떻게 살아갈지 예측하는 일은 우리의 기억을 기초로 이루어진다는 사실을 명심해야 한다.

기억에 대한 연구의 기원

기억에 대한 연구는 고대 그리스에서 시작되었다. 기원전 500년경, 당대 최고의 시인 중 한 명이었던 시모니데스는 어느 날 귀족 스코파스의 초대를 받아 연회에 참석했다. 시모니데스는 잠시 연회장 밖을 나와 거닐고 있었는데 갑자기 굉음과 함께 스코파스의 집이 무너졌고, 연회장 안에 있던 사람들은 모두 목숨을 잃었다. 잔해를 치우자 수십 구의 시체들이 가족들조차 얼굴을 알아볼 수 없을 정도로 훼손되어 있었다. 그런데 놀랍게도 시모니데스는 사망자들의 신원을 모두 정확히 밝힐 수 있었다. 시체가 놓여 있던 장소와 참석자들의 특징을 연관 지어 기억하고 있었던 것이다.

시모니데스의 기억술은 당시 그리스인들 사이에서 크게 회자되었고, 이후 기억의 대한 연구가 학문적으로 진행되었다. 아리스토텔레스는 〈기억과 상기에 대하여〉라는 논문을 통해 기억과 관련된 근본 현상을 분석했으며, 이러한 연구는 로마 시대에 사회 지도층이 대중을 설득하는 기술인 변론술의 기초가 되었다.

위 사례에 등장한 시모니데스의 기억술은 '장소법'이라고 불리는 기억 방법이다. 이 외에도 많이 알려져 있는 기억술로는 이미지법, 운율법, 이야기법 등이 있다. 실제 기억력 대회 우승자들은 여러 가지 기억법을 복합적으로 사용한다.

인지심리학에서는 인간의 인지 과정이 컴퓨터의 정보 처리 방식과 유사하다고 보고, 기억을 크게 부호화encoding, 저장storage, 인출retrieval의 과정으로 본다. 기억할 내용을 두뇌에 입력하는 부호화의 과정을 통해 인간의 단

기억의 원리

부호화 → 저장 → 인출

기억내용을 두뇌에 입력하는 과정

기억내용을 두뇌에 저장하는 과정

기억내용을 두뇌에서 꺼내는 과정

기기억(작업기억)이 장기기억으로 전환되는데, 다양한 기억술이 바로 부호화 전략에 해당된다.

물론 정보를 효율적으로 많이 기억할 수 있으면 좋다. 다만 '기억을 잘하려는 목적'이 무엇인지에 대해 곰곰이 생각해야 한다. 만약 기억력 대회 출전이 목표라면, 장소법을 비롯해 다양한 기억술을 연마해야 한다. 하지만 대부분의 현대인은 지금 하고 있는 일을 처리하기에도 충분히 바쁘다. 단순히 기억력 향상'만'을 위해 시간을 쓰는 것은 비효율적이다.

따라서 이번 장에서는 공부, 독서, 업무 등 실생활에 바로 접목할 수 있는 기억의 방법을 살펴보고자 한다.

나누어서 묶어라

아래에 나오는 영어 단어의 철자를 암기해보자(제한시간 30초).

ANBAALEPTPOANOTMA

몇 개의 철자를 기억했는지 세어보자. 철자는 총 17개다.
그렇다면 다음 영어 단어의 철자를 다시 암기해보자(제한시간 30초).

APPLEBANANATOMATO

이번에도 17개다. 혹시 이 문제를 풀 때 기억 전략이 있었는가? 혹시 A,

P, P, L… 을 순차적으로 기억하려고 했다면, 여러분은 주입식 교육에 익숙해져 '생각하는 법'을 고민해보지 못했다고 할 수 있다.

이미 눈치 챈 독자도 있겠지만, 위의 단어는 총 3개의 의미 덩어리로 구성되어 있다. 바로 APPLE(사과), BANANA(바나나), TOMATO(토마토)다.

이와 같이 '1개의 의미를 지닌 단위'를 '청크Chunk'라고 한다. 그리고 청크 단위로 묶어서 이해하는 것, 즉 의미상의 덩어리를 묶어서 이해하는 것을 '청킹'이라고 한다.

매직넘버 세븐

주민등록번호 뒷자리는 몇 개의 숫자로 이루어져 있는가? 7자리로 구성되어 있다. 이번에는 전화번호를 생각해보자. 전화번호는 국번이나 통신사 번호를 제외하면 대부분 7~8자릿수다. 과연 우연일까? 우리는 조지 밀러의 '매직넘버 세븐'에 주목할 필요가 있다.

프린스턴대학교 인지심리학 교수인 조지 밀러는 1956년 한 학술지에 〈마법의 숫자 7±2: 인간의 정보처리능력의 한계〉라는 논문을 발표했다. 이 논문의 주요 내용은 인간의 단기기억의 용량이 일반적으로 5~9개 정도라는 것이다.[6] 그러나 여기서 7±2는 단순히 개별 항목을 의미하는 게 아니라 바로 '7개의 청크' 즉, '7개의 의미덩어리'를 의미한다.

01039301923

010-3930-1923

둘 중 어느 것이 더 기억하기 쉬운가? 대부분 후자가 기억하기 쉬울 것이다. 휴대전화번호, 은행계좌번호, 사업자등록번호 등에 하이픈(-)이 있는 이유도 바로 이 때문이다. 의미상 덩어리의 개수를 줄여 기억하기 쉽게 하는 일상생활 속의 청킹인 것이다. 따라서 우리는 7이라는 숫자에 의미를 부여하기보다, 의미상의 덩어리로 나누고 묶는 과정에 더 의미를 둬야 한다.

전문가들의 청킹 능력

내셔널지오그래픽 채널의 〈인체대탐험〉에서는 여성 최초의 체스 그랜드마스터였던 수전 폴가의 '체스판 외우기 실험'을 진행했다. 흥미롭게도 이 실험은 그냥 체스판을 암기하는 것이 아니라 빠르게 지나가는 트럭에 붙어 있는 체스판을 단 5초만 보고 복기하도록 한 것이다.

첫 번째 실험에서 수전은 여유로운 표정으로 손쉽게 체스판의 말들을 빠르게 복기했다. 두 번째 실험은 다른 방식으로 진행되었다. 첫 번째 실험은 실제 체스 경기의 체스판이었고, 두 번째 실험의 체스판은 말들을 의미 없이 무작위로 배열한 것이었다. 수전은 두 번째 실험에서 몇 개의 말들을 복기하다가 결국 포기하고 말았다. 그녀는 이렇게 말한다.

"말들이 모두 아무렇게나 놓여있어서 짧은 시간 안에 기억하기 어렵습니다."

보통 1만 개의 단어를 기억하는 10세 무렵, 수전은 아버지와 함께 10만 가지 체스 기보의 패턴을 기억하는 데 시간을 보냈다고 한다. 이처럼 특별했던 유년 시절의 과정을 통해 그녀는 청킹 능력을 극대화시킨 것이다.

이 실험은 우리에게 기억이란 타고나는 것이 아니라, 훈련을 통해 개발할 수 있는 영역임을 시사한다. 실제로 다양한 실험을 통해 특정 분야의 전문가들은 그들이 전문적으로 활동하는 영역 내의 정보에 대해서 더 큰 청크를 갖는다는 사실이 밝혀졌다. 즉, 청킹은 기억을 오랫동안 하려고 하지 않아도 기억이 되도록 만드는 기초 기술이라고 할 수 있다.

3장

누구나 로지컬 씽킹을 할 수 있다

형식 논리의 문제점

'논리'라는 말을 들을 때 어떤 반응이 나타나는가? 갑자기 머리가 아프지는 않는가? 스스로 '나는 논리적이다'라고 자신 있게 말할 수 있는 사람은 많지 않을 것이다.

필자도 스스로를 논리적 사고와 거리가 먼 사람이라고 생각했고, 이를 보완하기 위해서 논리 공부를 시작했다. 우선 대학교에서 '논리적으로 말하기', '비판적으로 사고하기' 등 논리적 사고와 연관된 교양과목을 수강했다. 수업 이외에도 논리적 사고를 평가하는 시험에 관심을 가졌다. 5급 공무원 공채시험 1차 통과를 위한 PSAT(공직적성평가)와 로스쿨 입학시험인 LEET(법학적성평가) 기출문제집에 수록된 논리 문제들을 모조리 풀었다.

하지만 논리 공부를 아무리 열심히 해도 논리력 향상에 큰 도움이 된다는 느낌이 들지 않았다. 이유가 무엇이었을까? 필자가 공부했던 논리 관련 책들의 공통점을 분석해보니 대부분 '형식 논리'에 초점이 맞춰져 있다는 것을 발견했다. 형식 논리는 일반적으로 문자와 기호를 활용해 언어의 논리성을 파악하는 도구를 말한다. 예를 들어, '모든 사람은 죽는다'라는 문장을 '모든 사람(P) → 죽음(Q)'과 같이 표현하는 방식이다.

　물론 형식 논리는 문제의 인과관계를 파악하는 데 도움이 된다. 그러나 형식 논리의 규칙에 익숙해지다보니 문제점이 발생했다. 논리적으로 생각하고 싶어서 공부를 한 것인데, 오히려 '생각을 안 하게 된다'는 점이었다. 형식 논리 공부를 1~2년 정도 하고 난 후에 마치 구구단을 외우는 것같이 기계적으로 논리 문제를 푸는 스스로를 발견했다. 논리적 사고력을 향상시키기 위한 노력이 물거품이 된 것만 같았다. 그때부터 형식 논리가 아닌 다른 접근 방법을 찾기 시작했다. 그 결과 해답을 찾았고, 현재는 공무원 중에서도 가장 뛰어난 논리적 사고를 자랑하는 검사들에게도 논리적 사고를 교육하는 사람이 되었다. 이번 장에서는 훈련을 통해 누구나 실생활에 활용할 수 있는 '논리의 기술'에 대해 알아보고자 한다.

논리적 사고의 비밀

아래 나오는 단어들을 암기해보자(제한시간 30초).

> 포도, 껌, 무, 오렌지, 사과, 버터, 초콜릿, 우유, 바나나, 젤리, 귤, 배추, 치즈, 당근, 양배추, 엿, 사탕, 감자

이 테스트를 진행하면 항상 '이 단어들을 순서대로 외워야 하나요?'라는 질문을 받는다. 만약 위의 단어들을 '순서대로' 5~9개 정도 외웠다면, 당신의 작업기억working memory 능력은 평균 이상이다. 순서대로 많이 기억하지 못했다고 실망할 필요 없다. 오히려 순서대로 기억했다면 반성해야 한다. 한국의 주입식 암기 교육에 젖어있다는 증거이기 때문이다.

〈EBS 다큐프라임: 공부의 왕도〉에서는 위 문제와 유사한 '100개의 카드 암기하기' 실험을 진행했다. 제작진은 실험 대상을 두 집단으로 나누었다. 한 집단은 성적이 상위 0.1%인 학생 8명이었고, 다른 집단은 경기도의 한 중학교 2학년인 37명의 학생들이었다. 이들에게 각각 1장의 카드를 2초씩 총 100장을 보여준 뒤, 몇 개의 카드를 기억했는지 적도록 했다.

첫 번째 테스트 결과, 중학교 2학년 37명의 학생들은 평균 24개의 단어를 적었다. 그렇다면 상위 0.1% 8명의 학생들은 어땠을까? 놀랍게도 이들은 평균 48개의 단어를 적었다. 약 2배가량 더 많은 단어를 기억한 것이다. 그들은 어떻게 이토록 많은 단어를 기억할 수 있었을까? 단지 선천적으로 머리가 좋았던 것일까? 그 비밀은 이들의 답안지에 나와 있다.

상위 0.1% 학생들의 답안지에는 예외 없이 단어들이 항목별로 그룹을 지어 적혀 있었다. 예를 들어, '바이올린', '드럼', '리코더', '장구'는 악기라는 같은 항목에 적혀 있던 것이다. 항목을 미리 제시해준 것도 아닌데 말이다. 논리적 사고의 비밀은 바로 여기에 있다.

직업	인문	음식	전자제품	장소	악기	동물	별		
변호사	세종대왕	감자	헤어드라이기	숭례문	바이올린	앵무새	별		
기자	링컨	무	오븐	만리장성	드럼	불가사리	은하수		
디자이너	이순신	배추	냉장고	한강	리코더	고등어	달		
의사	유관순	파	세탁기	낙동강	장구	갈치	태양		
경찰관	나폴레옹	오이	컴퓨터	양쯔강	가야금	잉꼬	천왕성		
광부	모짜르트			스핑크스		새우	수성		
				사막/					
				불국사					

이름 (장서은)

• 출처: '인지 세계는 냉엄하다', 〈EBS 다큐프라임: 공부의 왕도〉, 한국교육방송공사.

로지컬 씽킹, 맥킨지의 문제해결 기술

세계적인 컨설팅 회사 맥킨지앤드컴퍼니는 모든 사원에게 문제해결 능력 향상 교육을 필수적으로 받게 한다. 국내에서는 일반적으로 '로지컬 씽킹 교육'이라고 하는데, 이는 실제 맥킨지에서 사용하는 용어는 아니고 일본에서 사용된 용어를 그대로 번역한 것으로 알려져 있다. 영어의 thinking이라는 단어에 이미 논리적이라는 의미가 내포되어 있으므로 엄밀히 말해 로지컬 씽킹은 의미상 중복이 발생한 용어다. 아마도 논리적이고 체계적인 사고를 위한 문제해결 기술이라는 의미를 강조하기 위한 방편으로 보인다. 환경적으로 논리적 사고력이 부족한 동양권에서는 로지컬 씽킹이라는 용어를 사용하는 것이 의미 전달에 도움이 된다는 판단하에 그대로 사용했다.

로지컬 씽킹의 핵심 원리는 바로 'MECE'와 '피라미드 구조' 2가지다.

MECE는 'Mutually Exclusive and Collectively Exhaustive'의 약자로, '미시'라고도 부른다. 직역하자면, '중복과 누락 없이 생각을 전체의 부분집합으로 파악하는 것'이다. MECE는 기획, 보고서, 문제해결과 관련된 책에 필수적으로 등장하는 아주 중요한 사고의 원칙이다.

MECE는 '완전한 MECE'와 '암묵적 MECE'로 구분된다. 전자는 '전체 집합을 중복과 누락 없이 완전히 분해 가능한 경우'로서 연령, 지역, 가위바위보 게임, 트럼프 카드 등을 예로 들 수 있다. 후자는 '중복과 누락이 절대 없다고 할 수 없지만, 알고 있으면 나름대로 유용한 분류 기준'을 말한다. 질과 양, 장점과 단점, 과거·현재·미래, Plan·Do·See 등이 암묵적 MECE의 예다. 경영학의 프레임워크는 대부분 '암묵적 MECE'에 해당한다.

MECE의 개념

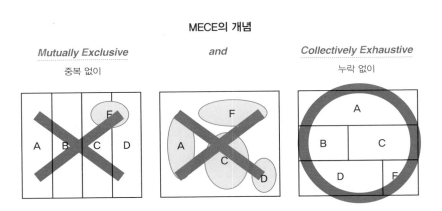

피라미드 구조는 복잡한 대상이 생각을 여러 단계로 나눠서 사물의 이해를 높이거나 논리의 흐름을 구성하는 방법을 말한다. 맥킨지의 최초 여성 컨설턴트인 바버라 민토가 처음 만들어 '민토 피라미드'라고도 불린다.

'피라미드 구조'는 크게 'So What'(보텀업 방식)과 'Why So'(톱다운 방식)라

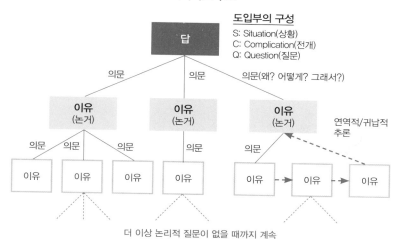

피라미드 구조

도입부의 구성
S: Situation(상황)
C: Complication(전개)
Q: Question(질문)

답

의문　의문　의문(왜? 어떻게? 그래서?)

이유
(논거)

이유
(논거)

이유
(논거)

연역적/귀납적
추론

의문　의문　의문　의문　의문

이유　이유　이유　이유　이유　이유　이유

더 이상 논리적 질문이 없을 때까지 계속

는 방법으로 나뉜다. '보텀업 방식'은 현재 가지고 있는 정보를 바탕으로 '그래서 뭐?'를 반복함으로써 핵심 결론이나 메시지에 도달하는 방법이다. 반면 '톱다운 방식'은 결론이나 가설로부터 시작하여 '왜 그렇지?'라는 질문을 던지면서 결론에 대한 이유와 가설을 도출하는 방법이다.

로지컬 씽킹의 적용

그럼 '로지컬 씽킹'을 적용해 다음 단어들을 범주화해보자.

포도, 껌, 무, 오렌지, 사과, 버터, 초콜릿, 우유, 바나나, 젤리, 귤, 배추, 치즈, 당근, 양배추, 엿, 사탕, 감자

포도, 오렌지, 사과, 바나나, 귤은 '과일'이라는 범주로, 무, 배추, 당근, 양배추, 감자는 '채소' 또는 '야채'라는 범주로, 우유, 버터, 치즈는 '유제품'이라는 범주로 분류할 수 있다. 여기까지는 대부분 유사한 범주로 나눈다. 그런데 '초콜릿, 젤리, 엿, 사탕, 껌'의 범주에 대해서는 의견이 엇갈린다. 일반적으로 가장 많이 나누는 범주는 '군것질', '간식', '단 음식' 순이다.

여기서 문제가 발생한다. 과일, 유제품도 '군것질'과 '간식'에 속한다. 또한 포도, 오렌지 등의 과일 역시 '단 음식'에 해당된다. 즉, '군것질'과 '간식'이라는 분류는 중복의 문제를 발생시킨다. 이는 중복과 누락이 없도록 한다는 MECE의 기본 원칙에 어긋난다. 그렇다면 초콜릿, 젤리, 엿, 사탕, 껌을 중복과 누락 없이 분류할 수 있는 항목은 무엇일까? 바로 '과자'라고 범주화한다면 MECE 원칙에 벗어나지 않게 묶을 수 있다.

다른 예를 살펴보자. '과일'과 '채소'의 상위 범주는 무엇일까? 혹시 '식물' 또는 '농산물'이라고 생각하지 않았는가? 물론 이는 틀린 범주라고 할 수 없지만, 너무 높은 상위 범주에 속한다. '식물'의 하위 범주라고 하면 보통 나무나 풀이 먼저 떠오른다. '농산물'의 하위 범주로는 쌀이나 보리가 먼저 떠오른다. '과일'과 '채소'의 바로 윗 단계 범주는 바로 '청과류'다.

이는 의사소통에 있어서도 중요하다. 귀납적 방법의 'So What'은 직원의 사고방식, 연역적 방법의 'Why So'는 관리자의 사고방식이라고 한다. 회사에서 직원과 관리자의 생각이 일치하지 않으면, 업무의 속도가 늦어질 뿐만 아니라 원하는 결과를 얻지 못할 수도 있다. 따라서 상대방이 내가 생각하는 항목을 떠올릴 수 있도록 구체적이고 명료하게 표현하는 것이 중요하다.

로지컬 씽킹의 핵심

우리는 그동안 논리적 사고라고 하면 머리가 지끈거리는 개념으로 생각했다. 하지만 위에서 살펴봤듯이 논리적 사고는 특별하거나 어렵지 않다.《로지컬 씽킹의 기술》이라는 책에는 '쥐, 개, 코끼리 중 어느 것이 가장 무거운가?'라는 질문이 나온다.

　대부분의 사람은 한 치의 망설임 없이 코끼리라고 답할 것이다. 하지만 곰곰이 생각해보자. 왜 코끼리가 가장 무거울까? '한 마리의 무게'를 전제했기 때문이다. 만약 '지구상의 모든 개체 수의 무게'를 기준으로 한다면 어떨까? 정답은 쥐다. 이처럼 어떤 결론이 도출되느냐의 문제는 '납득 가능한 근거'에 달려 있다. 즉, 로지컬 씽킹은 '명확한 근거를 바탕으로 다른 사람들이 충분히 이해하고 납득할 수 있는 결론을 도출해 내는 방법'이다.

4장

나만의 프레임을 만들어라

프레임이란?

프레임이란 무엇일까? 프레임은 흔히 창문이나 액자의 틀 또는 안경테를 의미하지만, 인지심리학에서는 '흩어진 정보나 사물을 정리하는 틀을 만드는 작업'과 '세상을 바라보는 방식을 형성하는 논리적 틀을 만드는 작업'을 말한다. 서울대학교 심리학과 최인철 교수는 프레임을 '세상을 바라보는 마음의 창'이라고 정의한다.[7] 아래 그림의 중앙에 있는 원 중 어떤 원이 더 클까?

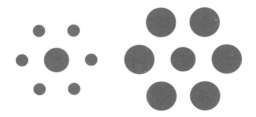

왼쪽의 원이 오른쪽 원보다 커 보이지만, 두 원의 실제 크기는 같다. 이런 현상을 '크기 착시'라고 한다. 착시란 인간이 어떤 현상을 볼 때 이미 가지고 있던 정보나 주변의 영향이 시각적인 착각을 일으켜 사물을 있는 그대로 보지 못하게 하는 현상을 말한다. 현재 심리학자들은 감각과 지각은 인간의 생존에 있어 매우 중요하지만 다양한 정보로 인해 왜곡될 수 있다고 이해한다. 따라서 심리학자에게 '보는 것이 믿는 것'이라는 속담은 우스운 이야기인 셈이다.

이처럼 어떤 프레임으로 보느냐에 따라 같은 대상을 다르게 인식할 수 있다. 안경을 끼고 있으면 안경테를 의식하지 못하듯 우리는 대상을 있는 그대로 보는 대신 관점과 기준에 따라 다르게 본다.

놈 촘스키의 제자이자 유명한 언어학자인 조지 레이코프는《코끼리는 생각하지 마》라는 책에서 프레임 이론을 주창하며, 인간은 경제 수준에 따라 투표하는 것이 아니라 자신의 가치관 및 프레임에 부합하는 방식으로 투표한다고 주장했다.[8]

프레임을 비판적인 시각으로 볼 필요는 없다. 인간이 프레임에 따라 지각하고 생각한다는 점은 다양한 기준의 프레임에 대해 알면 많은 사람의 사연과 다양한 사회 구성원의 입장을 이해할 수 있다는 것을 의미한다. 따라서 이 장에서는 일상이나 업무에 많이 사용되는 프레임워크에 대해 알아보고자 한다.

흔히 사용하는 프레임워크

비즈니스에서 사용하는 프레임워크는 기획, 인사, 마케팅 등 각 분야에 따라 4P, 4C, SWOT, AIMDA 등으로 다양하게 세분화되어 있다. 프레임워크들이 워낙 많다보니 비즈니스에서 자주 사용하는 프레임워크들을 정리해 놓은 책도 있다. 여기서는 많은 프레임워크를 다 나열하지 않고, 프레임워크의 기본 원칙에 대해 말하고자 한다.

바버라 민토는 저서 《논리의 기술》에서 비즈니스에서의 논리적 생각을 '시간의 순서', '구조의 순서', '정도의 순서' 3가지로 구분했다.[9]

첫째, '시간의 순서'는 결과의 원인을 결정하는 프로세스를 시각화하는 방법이다. '문제를 해결하기 위한 3단계'처럼 특정한 결과를 달성하기 위한 실행상의 과정을 순차적으로 생각해보는 것이 '시간의 순서'에 해당한다. '시간의 순서'에서 가장 중요한 점은 사건의 원인과 결과를 구분하는 것이다. 많은 단계를 필요로 하는 긴 프로세스에서는 원인과 결과가 복합적으로 얽힌 경우가 많다. 따라서 시간의 흐름을 그림으로 도식화해보면 인과관계의 오류를 피하고 시간의 순서에 따른 프레임워크를 올바로 사용하는 데 도움이 된다.

시간의 순서

둘째, '구조의 순서'는 전체를 부분으로 나누어 대상을 구성 요소들의 집합으로 보는 방법이다. 예를 들어, '지구의 대륙'을 상위 요소로 아메리카, 남극, 아프리카, 유라시아, 오세아니아 등을 '지구의 대륙'의 하위 요소로 볼 수 있다. '구조의 순서'는 MECE의 원칙에 가장 적합한 프레임워크다. 중복과 누락 없이 전체와 부분을 동시에 파악함으로써, 중요한 일들을 빠짐없이 효율적으로 수행하는 데 유용하다.

구조의 순서

셋째, '정도의 순서'는 어떤 사물이나 상황에서 가장 중요한 것 중심으로 배열하는 방법이다. 예를 들어 '어떤 회사의 3가지 문제점'이 '정도의 순서'에 포함된다. '구조의 순서'는 전체상이 모두 파악될 때 사용하는 반면, '정도의 순서'는 유사한 개념들의 공통점을 묶어 구체적으로 정의한 뒤 이 중 중요한 순서대로 배열하는 '우선순위의 개념'을 적용한 프레임워크다.

정도의 순서

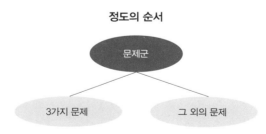

《로지컬 씽킹의 기술》에서는 덧셈 형식, 곱셈 형식, 순열 형식이라는 프레임워크를 소개한다.[10] 덧셈 형식은 대상을 구성 요소들의 집합으로 보는 방법이다. 예를 들어 연간 매출을 상반기 매출과 하반기 매출로, 햄버거를 빵, 고기, 채소, 소스로 표현하는 방식이다.

연간 매출 = 상반기 매출 + 하반기 매출

햄버거 = 빵 + 고기 + 채소 + 소스

덧셈 형식은 어떤 대상이나 현상의 전체 구성 요소를 파악하고 있을 때 유용하다. 특히 양과 질, 장점과 단점 등 분명한 대비 개념이 존재할 때 덧셈 형식의 프레임워크는 강력한 힘을 발휘한다. 곱셈 형식은 각각의 독립 변수를 곱함으로써 전체를 구성하는 방법이다. 예를 들어 매출을 단가와 수량의 곱, 시장의 총 수요와 시장점유율의 곱으로 표현할 수 있다.

매출 = 단가 × 수량

  = 시장의 총 수요 × 시장점유율

곱셈 형식은 덧셈 형식처럼 일반적으로 쓰이지는 않으나, 수학이나 경제학적 배경지식이 있을 때 비즈니스 측면에서 유용하게 사용된다. 순열 형식은 사물을 시간의 흐름에 따라 나열하는 방법이다. 예를 들어 제조업의 업무 흐름을 연구개발, 조달, 생산, 판매, 사후관리로 구분할 수 있다.

제조업의 업무 흐름 = 연구개발 → 조달 → 생산 → 판매 → 사후관리

순열 형식은 일의 전체 과정이 파악될 때 사용할 수 있다. 이때 절차상 생략된 부분은 없는지 꼼꼼히 살펴보아야 한다. 비즈니스상 업무매뉴얼 작성과 같이 누구나 표준화된 수준의 결과를 만들도록 할 때 순열 형식의 프레임워크가 꼭 필요하다. 덧셈·곱셈·순열 형식을 사용하든, 시간·구조·정도의 순서를 사용하든 논리적 프레임워크의 핵심은 수직과 수평의 관계를 맞추는 작업이다. 수평은 MECE에 따라 생각의 중복, 누락, 오류를 확인하는 것, 수직은 피라미드 원칙에 따라 상위, 동위, 하위 범주들 간의 논리를 확인하는 것이다.

나만의 프레임워크 생각하기

일본의 컨설턴트 쓰다 히사시가 쓴 《1등의 생각법》에서는 '배우다'와 '생각하다'를 다음과 같이 구분한다.

- 배우다: 기존의 프레임워크에 대입하여 답을 도출한다.
- 생각하다: 자신이 만든 프레임워크에서 답을 도출한다.

'배우다'는 정해진 공식이나 이론에 근거하여 문제를 해결하는 과정이다. '배우다'에 가장 적합한 학문 분야는 수학과 과학이다. 예를 들어, 초등학생 때 피타고라스의 정리를 미리 학습한 아이는 다른 친구에게 놀라운 능력을 지닌 것처럼 보인다. 그러나 중학교에 올라가 수학 시간에 피타고라스의 정리를 배우는 순간 상황은 달라진다. 직각삼각형의 빗변 길이 구하기는 더 이상 특별한 능력이 아니다.

반면, '생각하다'는 자신만의 범주와 기준에 따라 문제를 해결하는 과정이다. 물론 이때도 기존의 프레임워크를 참고할 필요가 있다. 그러나 있는 그대로 쓰는 것은 '생각하는 것'이 아니라 '배우는 것'이다. '생각하다'는 기존의 프레임워크를 편집·변형하여 나만의 프레임워크를 만드는 작업이다. 나만의 프레임워크를 만드는 규칙은 다음과 같다.

분명한 기준 설정하기

무엇을 기준으로 삼느냐에 따라 생각의 방향이 좌우될 수 있다. 그래서 대상을 어떻게 나눌지, 목적이나 기준을 분명하게 정해놓을 필요가 있다. 예를 들어 '2018년 대한민국 성인의 종이신문 구독 현황'에 대해 알고 싶을 경우, 종이신문을 여러 기준으로 분류해보면 다음과 같다.

- 발행 목적   상업지, 기관지
- 구독료   유료신문, 무료신문
- 발행 시간   조간지, 석간지
- 발행 간격   일간지, 주간지, 격주간지, 월간지
- 정보 범위   종합지, 경제지, 외국어신문, 스포츠신문, 소년지, 특수지
- 배포 범위   전국지, 지방지, 광역지, 국제지

기준이 분명하지 않으면 '일간지, 종합지, 경제지'와 같이 정보 범위라는 기준과 발행 간격이라는 기준이 섞여 중복이나 누락이 발생할 수 있으므로 자신이 어떤 기준으로 항목을 분류했는지 분명히 해야 한다. 무엇을 기준으

로 생각하느냐에 따라 하위 구성 요소가 달라지므로, 스스로 삼고 있는 기준이 무엇인지 생각하는 습관을 가지면 더욱 명확하게 생각할 수 있다.

계층의 수준 검토하기

계층의 수준은 논리적 관계를 맞추는 작업이다. 프레임의 요소로 표현되는 단어들의 크기나 개념의 수준에 대해 생각해보아야 한다. 예를 들어 '사과, 배, 감'은 과일의 하위 범주 안에서 동일한 수준이지만, '무, 배추, 야채'라고 나열할 경우 계층의 수준이 잘못되었다. 야채는 무와 배추보다 상위 범주이기 때문이다. 계층의 수준을 판단하는 규칙은 MECE에 따른 중복, 누락, 오류 여부다.

명확한 단어 사용하기

같은 현상을 보더라도 사람마다 다르게 해석할 수 있다. 이를 최소화하도록 뜻이 애매모호한 단어를 쓰지 말고 명확하고 검증된 단어를 쓰는 게 좋다.

나만의 프레임워크는 어떤 현상을 자신의 관점에서 이해하도록 돕는다. 또한 기존의 프레임워크를 변형해 다른 사람들에게도 통용되는 프레임워크를 탄생시킬 수도 있다. 논리적 사고를 기반으로 한 창의성이 탄생하는 순간이다. 나만의 프레임워크에는 모범답안이란 없다. 자신이 예전에는 생각하지 못했을 것을 하나라도 떠올렸다면 그것으로 충분하다. 그 하나의 생각이 어떤 일을 수행하는 데 있어 결정적인 역할을 할 수도 있다. 사물이나 상황을 볼 때 기준을 발견하려는 습관을 의식적으로 가져보자. 이런 습관은 프레임워크의 질과 양을 풍부하게 함으로써 세상을 바라보는 안목을 넓혀줄 것이다.

3부

언어코딩:
언어를 통한
생각정리 트레이닝

1장

글자를 읽는 것과 글을 읽는 것은 다르다

문맹의 재등장

'낫 놓고 기역 자도 모른다'라는 말이 있다. 이 속담은 기역 자 모양으로 생긴 낫을 보면서도 기역 자를 모른다는 뜻으로, 무식함을 비유적으로 이르는 말이다. 한국에서 문맹률이 낮지만 최근에 실질 문맹이 등장해 문제가 되고 있다. 우리가 흔히 알고 있는 난독증보다 더 심각한 문제라고 한다. 그렇다면 실질 문맹과 난독증은 어떻게 다를까?

난독증dyslexia은 '아닌, 불량, 곤란, 어려움'을 의미하는 dys와 '언어, 단어, 읽기'를 의미하는 lexia의 합성어로, '잘못 읽는 것'이라는 뜻의 그리스어다. 즉 '듣고 말하는 데에는 어려움이 없으나 단어를 정확하게 읽거나 철자를 인지하지 못하는 증상을 보이는 학습장애의 하나'다. 대한민국 아동 100명 중 5명이 난독증을 겪고 있다는 연구결과가 발표된 바 있다.

이와 달리 실질 문맹은 글자 자체는 정확하게 인지하지만 글의 내용을 이해하지 못하는 것을 말한다. 실질 문맹은 문해력을 기준으로 판별되는데, OECD의 정의에 따르면 문해력은 '일상적인 활동, 가정, 일터 그리고 지역 사회에서 문서화된 정보를 이해하고 활용할 수 있는 능력'이다.

실질 문맹은 유전의 영향이라기보다는 학습과 밀접한 연관이 있다. 언어를 학습할 때 주의·집중을 하지 못하거나 글의 핵심을 파악하는 능력이 부족해서 열심히 글자를 읽어도 머릿속에 남는 게 없고, 글의 내용을 잘못 이해하는 것이 실질 문맹이다.

OECD의 국제 성인 문해력 조사

OECD는 글자를 읽는 능력을 판단하는 문맹률은 교육 수준의 지표로서 부족하다는 판단하에 1994년부터 1998년까지 OECD 국가를 포함한 20여 개 국가의 16세 이상 65세 이하 성인을 대상으로 '국제 성인 문해력 조사IALS(International Adult Literacy Surveys)'를 실시했다. 한국교육개발원도 2001년 1,200명을 대상으로 IALS조사를 자체적으로 실시했다.

조사 영역은 산문문해Prose literacy, 문서문해Document literacy, 수량문해 Quantitative literacy 총 3가지였다. 산문문해는 논설, 기사, 시, 소설을 포함하는 텍스트를 이해하고 사용하는 데 필요한 지식과 기술이다. 문서문해는 구직 원서, 급여양식, 대중교통 시간표, 지도, 표, 그래프 등 다양한 형태의 문서에서 정보를 찾고 사용하는 데 필요한 지식과 기술이다. 수량문해는 금전 출납, 팁 계산, 주문양식 완성, 대출이자 계산 등 인쇄된 자료에 적힌 숫자를 계산하거나 수학 공식을 적용하는 데 필요한 지식과 기술이다.

대한민국의 조사 결과는 충격적이었다. 실생활의 문서를 해석하는 문서 문해 영역에서 OECD 국가 중 최하위권을 차지했기 때문이다. 게다가 고학력 성인으로 갈수록 이 능력은 더욱 떨어졌다. 우리나라의 많은 성인이 글자를 읽지만 무슨 뜻인지 정확하게 파악하지 못하는 상황인 것이다. 유네스코가 문맹 퇴치의 공로가 있는 기관이나 개인에게 수여하는 상의 이름이 '유네스코 세종대왕 문해상UNESCO King Sejong Literacy Prize'이라는 점을 볼 때 이런 현상은 참 아이러니하다.

실질 문맹의 원인

2012년 OECD 국가를 대상으로 성인의 문해력을 조사한 결과 대한민국은 12위를 기록했다. 2001년 결과보다 향상되었지만 평균에 못 미치는 점수로 여전히 하위 그룹에 속했다. 대한민국 청소년들의 독해 능력은 세계 최상위권에 속한다. 만 15세 학생을 대상으로 한 '국제 학업 성취도 평가PISA'에서 대한민국은 2006년, 2009년에 1위, 2012년에 2위를 기록했다. 이렇게 뛰어난 독해력을 가진 대한민국 청소년이 성인이 되면 실질 문맹이 되고 마는 것이다.

우리나라의 실질 문맹의 원인은 무엇일까? 어느 하나 때문이기보다는 여러 요소들의 복합적인 결과일 것이다. 대표적인 몇 가지를 꼽아보자면, 우선 한국인은 성인이 되면서 학습에 대한 흥미를 잃는다. '국제 성인 역량 조사PIAAC' 결과에 따르면, 한국 성인들의 학습 흥미도는 조사 국가 중 가

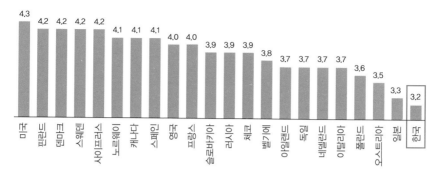

학습 흥미도 비교

미국 4.3
핀란드 4.2
덴마크 4.2
스웨덴 4.2
싱가포르 4.2
노르웨이 4.1
캐나다 4.1
스페인 4.1
영국 4.0
프랑스 4.0
슬로베니아 3.9
러시아 3.9
체코 3.9
벨기에 3.8
아일랜드 3.7
독일 3.7
네덜란드 3.7
이탈리아 3.7
폴란드 3.6
오스트리아 3.5
일본 3.3
한국 3.2

• 출처: Survey of Adult Skills(PIAAC), 2013.

장 낮은 점수를 기록했다.

입시와 직접적으로 관련이 없는 책은 읽지 않던 학창 시절의 습관이 성인이 되어서도 그대로 남아 학습에 대한 관심을 떨어뜨리는 것이다.

둘째, 독서량의 부족 때문이다. 2017년 문화체육관광부가 발표한 '국민독서실태 조사'에 따르면, 2017년 교과서, 만화, 잡지, 수험서, 학습참고서를 제외한 일반도서를 1권 이상 읽은 성인의 비율은 59.9%였다. 즉, 한국 성인 10명 중 4명은 1년간 책을 한 권도 읽지 않았다는 것이다. 책을 읽지 않다보니 글의 내용과 맥락을 이해하는 능력 역시 떨어질 수밖에 없다.

셋째, 한국 성인들의 학습에 대한 관심이 하락하는 이유는 대한민국의 노동 환경이 젊은이로 하여금 능력과 기술을 충분히 발휘할 수 없게 하기 때문이다. 연애, 결혼, 출산을 포기한 '3포 세대', 주거 불안, 직장 불안, 노후 불안을 경험하는 '3불 세대'라는 용어가 등장할 만큼, 현재 대한민국 청년들은 일상적인 삶을 제대로 꾸려나가기도 벅차다. 그렇다보니 학습에 대한 여유가 없고, 이런 현상은 한국 성인의 문해력을 하락시킨다.[1]

이러한 요소들 때문에 글을 읽을 때 깊게 생각을 하지 못한다. 주의·집중을 해서 글을 읽지 않으면 글의 행간과 맥락을 놓친다. 글을 통해 세상을 이해하는 현대 사회에서 이러한 습관은 세상의 맥락까지 놓치게 한다.

문해력은 '현대 사회에서 일상생활을 해나가는 데 필요한 글을 읽고 이해하는 최소한의 능력'이다. 즉, 문해력이 부족하면 학습뿐만 아니라 업무와 생활에서도 글을 잘못 해석한 결과로 불이익을 받는 경우가 발생한다. 예를 들어, 문서문해력이 부족하면 지하철 노선도를 잘못 읽어 미팅에 늦을 것이며, 수량문해력이 부족하면 대출상품의 이자를 잘못 계산해 피해를 입을 수 있다. 제대로 읽고 쓰지 못하면 어떤 대상에 대해 제대로 질문하고 분석할 수 없다. 나아가 제대로 상상하고 창조하지도 못한다. 즉, 생각을 잘하려면 제대로 읽는 '문해'가 기반이 되어야 한다. 문해력 향상은 우리의 삶을 더욱 풍족하게 만들 것이다.

디지털 리터러시의 등장

인터넷 환경에서 다양한 미디어를 이용하려면 과거에는 전혀 필요하지 않았던 능력을 발휘해야만 한다. 전원 버튼을 눌러서 컴퓨터를 켜고 아이디와 비밀번호를 입력해 이메일을 확인하는 정도로는 인터넷을 다룬다고 하기에 부족하다. 인터넷을 하려면 기본적으로 정보를 검색·평가·활용할 줄 알아야 한다. 나아가 인터넷 사용자들은 텔레비전, 신문 등이 지배적인 미디어였던 시대보다 훨씬 더 능동적으로 소통에 참여할 수 있게 되었다. 이러한 시대적 배경은 새로운 형태의 독해력인 '디지털 리터러시Digital Literacy'를 요구한다.

'디지털 리터러시'는 일반적으로 '디지털 세계를 비판적으로 이해하고 활용하며 스스로 생산까지 할 수 있는 종합적인 능력'을 뜻한다. 또한 미디어 리터러시와 ICT(정보통신 기술) 리터러시 등을 포괄하는 개념으로 사용되고 있다. 디지털 리터러시는 앞으로 더욱더 중요한 능력으로 부각되고 있다. 아래의 글을 읽어보자.

대부분 학자들은 문맹을 글자를 쓰고 읽지 못하는 것으로, 또 문해력을 글자를 읽고 쓸 수 있는 단순한 능력으로 풀이했다. 하지만 오늘날 글자를 읽고 쓰는 것을 넘어서 멀티 기능의 문해력이 급부상하고 있다. 글만이 아니라 사진 올리는 법, SNS 사용하는 법 등 수많은 이해력을 사회가 원한다는 것이다. 예상치 못했던 인간에 대한 멀티 기능 요구가 현실화된 것이다.

현재 약 250만 개의 사진이 매일 페이스북에 올라가며, 구글의 발표에 의하면 유튜브에 초당 48시간 분량의 동영상이 올라간다고 한다. 또 현존하는 8천개 이상의 코딩 언어와 인터넷 용어 등 새롭게 부상하는 언어, 사라지는 언어역시 알아야 할 필요가 있다. 스마트폰과 게임 산업의 부상으로 인해 인류의 70%가 게임을 하고 있다. 전 세계 게임 산업의 규모는 2012년 67억 달러에서 2017년에 87억 달러로 증가할 것으로 보인다. 이에 따라 게임에 대한 해석력도 갖고 있어야 한다. 스마트폰에는 150만 개 이상의 애플리케이션이 존재하며, 이 수는 가파르게 상승하고 있다. 또한 10억 명 이상의 사용자를 가진 페이스북이 사회 변화를 이끈다. 페이스북 이외의 소셜 미디어로 트위터, 링크드인같은 브랜드도 있다. 한편 사물인터넷이 기하급수적으로 팽창하는데, 시스코에 의하면 인터넷에 연결된 기기의 수가 2020년에 500억 개를 기록할 것이다.

우리는 대부분의 정보를 문자로 접한다. 하지만 앞으로는 영상 등 더 빠르고 더 편한 수단이 문자를 대체할 것이다. 우리는 읽고 쓰는 법을 안다. 하지만 그것이 전부가 아닌 세상이 되어버렸다. 동영상을 제작하고 사진을 수정하고 음악을 다운로드하고 기기를 다루고 코드를 쓸 줄 아는 능력 없이는 세상에서 제 역할을 하며 살기가 매우 어려워졌다. 현재 미국인들은 매일 11.8시간을 정보를 습득하는 데 소비한다고 한다. 미래에는 전 세계인이 더 많은 시간을 이런 정보 습득에 사용하게 될 것이다.[2]

우리는 종이에 있는 글자를 읽는 것을 넘어, 매일 소셜미디어를 통해 많은 사람들과 의사소통을 하며 다양한 애플리케이션 사용법을 익혀야 한다. 또한 유튜브를 시청하면서 많은 영상 정보를 해석해야 하는 상황에 놓이고 있다. 점점 더 많은 것을 읽고 해석할 수 있어야 하는 시대에 산다고 해도 과언이 아니다.

폴 길스터는 '디지털 리터러시'가 현대 사회에서 필수적으로 갖춰야 할 생존 기술이라고 강조한다. 또한 '디지털 리터러시'는 컴퓨터 조작을 하는 기술을 넘어 '생각을 관리'하는 것이라고 했다. 그리고 그것의 핵심은 인터넷에서 검색한 정보를 이해하는 것을 넘어 책, 신문, 잡지 등의 전통적 형식의 콘텐츠를 모두 연결하는 '지식 통합knowledge assembly'을 이루는 것이라고 주장한다.[3]

'디지털 리터러시'의 개념이나 구성 요소에 대해서는 학자들 간 견해에 차이가 있지만, 정보를 받아들일 때 수동적으로 받아들이면 안 되고 비판적으로 사고해야 한다는 점에는 이견이 없다. 비판적인 시각은 정보 속에서 사실과 의견을 구분하고, 사실의 객관성과 신뢰성을 판단하는 것이다.

이때, 정보에 대한 정확한 이해와 해석은 필수적이다. 따라서 앞으로 우리에게 문해력은 더욱 중요한 능력이 될 것이다.

그렇다면 글을 읽고 내용을 정확하게 파악한 뒤 그것을 제대로 표현하려면 어떻게 해야 할까? 문해력은 단순히 글을 많이 읽는다고 향상되지 않는다. 평소 어휘에 대한 정확한 정의를 내리고 글의 문법적 구조를 파악하는 습관을 들여야 한다. 또한 글에 담긴 글쓴이의 의도를 읽어내기 위한 훈련이 필요하다.

2장

육하원칙으로 생각하라

육하원칙의 중요성

육하원칙은 보도기사를 쓸 때 지켜야 하는 기본 원칙으로, '누가, 언제, 어디서, 무엇을, 어떻게, 왜' 6가지를 말한다. 육하원칙의 개념은 고대 그리스의 수사학과 불교 경전 등 많은 고대 문헌에서도 등장한다. 그러나 위와 같은 6가지의 형태로 정착시킨 사람은 영국의 소설가이자 시인인 키플링이다.

키플링은 영어권 최초의 노벨문학상 수상자로서, 우리에게는 《정글북》의 작가로 친숙하다. 키플링의 동화 《코끼리 아이》에는 다음 구절이 등장한다.

> I keep six honest serving-men. Their names are what and why and when and how and where and who![4]

나에게는 여섯 명의 정직한 하인이 있네. 그들의 이름은 무엇, 왜, 언제, 어떻게, 어디서 그리고 누구라네!

키플링은 이 글에 작가라면 5개의 W와 1개의 H로 시작하는 질문에 답해야 한다는 의미를 담았다. 즉, 작가에게는 '무슨 일이, 언제, 왜, 어떻게, 어디서 벌어졌으며, 누가 했는지'와 같은 독자의 궁금증을 명쾌히 풀어줄 임무가 있다는 것이다. 5W1H의 기원이 소설가인 키플링이라는 것으로 봤을 때, 우리는 육하원칙이 단순히 신문 보도에만 국한된 것이 아님을 알 수 있다.

중·고등학교 때 배웠던 소설 구성의 3요소를 기억하는가? 소설은 '인물', '배경', '사건' 3가지로 이루어져 있다. 자세히 보면 이 3가지에는 육하원칙의 구성 요소가 들어있다. 인물은 '누가', 배경은 '언제'(시간적 배경)와 '어디서'(공간적 배경), 사건은 '무엇을', '어떻게', '왜'에 해당된다. 이처럼 소설을 비롯해 문학, 영화 등 이야기에는 육하원칙 개념이 내포되어 있다. 육하원칙은 보도기사뿐만 아니라 정보 전달에 있어 필수적인 요소임을 알 수 있다.

러시아의 이상심리학의 대가 루리야의 다양한 실험에 의하면 시간관념이 없는 아이는 '언제'라는 표현을, 장소관념이 없는 아이는 '어디서'라는 표현을, 인과관념이 없는 아이는 '왜'라는 표현을 사용하지 못한다.

육하원칙에는 '누가', '무엇을'이라는 주체와 객체관념, '언제', '어디서'라는 시간과 장소관념, '왜'라는 인과관념, '어떻게'라는 수단관념이 있다.[5] 따라서 육하원칙에 따라 생각을 펼치면 세상을 인식하는 범위가 넓어진다. 즉, 육하원칙을 생각하기만 해도 자연과 사물의 질서에 대한 인식의 틀을 갖출 수 있다는 것이다. 《생각의 탄생》의 저자 윌리엄 캘빈이 육하원칙을 '정신적 문법'이라고 명명한 것도 그러한 이유에서다.[6]

글쓰기와 생각뿐만 아니라 기획의 핵심도 육하원칙이다. 기획은 문제의 원인을 파악하여(why), 구체적으로 달성하고자 하는 목표(what)를 설정한 다음, 그 목표를 달성하기 위한 구체적 방법 및 전략(how)을 수립하고, 누가 그 일을 맡아서(who), 언제까지 수행해야 하는지(when) 계획을 수립하는 과정이다.

사이먼 사이넥은 저서 《나는 왜 이 일을 하는가?》에서 일반적인 사람은 What-How-Why의 순서로 문제에 접근하는 반면, 위대한 혁신가들에게 는 Why-How-What 순으로 접근한다는 공통점이 있다고 설명한다.[7] 혁신 가들은 항상 '왜'라는 질문을 스스로에게 하며, 분명한 목적의식을 갖고 문제를 해결하는 자세를 지니고 있다는 것이다. 그는 이를 '골든 서클Golden Circle'이라고 정의했다. 육하원칙을 떠올리는 순서에 따라 성공의 여부가 결정될 수 있다는 흥미로운 발견이다.

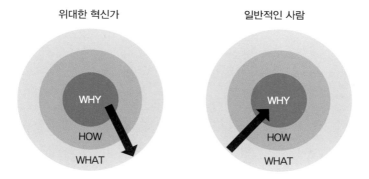

사이먼 사이넥의 골든 서클

위대한 혁신가   일반적인 사람

육하원칙 사고 훈련법

육하원칙은 인간이 살아가는 데 꼭 필요하다. 그렇다면 5W1H 사고를 어떻게 훈련해야 할까? 필자는 '문장 속 5W1H 찾기'가 가장 쉽고 적합한 훈련 방법이라 생각한다.

기자들은 기사를 작성할 때 의식적으로 육하원칙을 생각하는 훈련이 되어 있다. 그러나 육하원칙은 보도기사뿐만 아니라 인간이 표현하는 모든 글에 담겨 있다. 6가지 중 최소 1개 이상이 있어야 문장이 성립한다. 따라서 문장 분석을 통해 육하원칙을 효율적으로 훈련할 수 있다.

서울 곳곳에서 공공자전거 따릉이를 쉽게 볼 수 있다.

이 문장에서의 육하원칙에 해당되는 부분을 보자.

- 주어 – [사람들은]
- 동사 – 볼 수 있다
- 육하원칙 – 서울 곳곳에서(where)

    공공자전거 따릉이를(what)

    쉽게(how)

5W1H 기반 문장 구조 분석은 목적어, 보어 등의 문법을 모르더라도 전 세계 대부분의 언어에 접목시킬 수 있는 방법이다. 지구라는 3차원 세계에 살고 있는 인간의 삶에는 육하원칙이 반드시 포함되어 있기 때문이다.

또한 5W1H 기반 문장 구조 분석은 독서에도 도움을 준다. 글을 의미상의 덩어리로 끊어주기 때문이다. 하지만 '문장 속 5W1H 찾기 훈련'은 단순히 독해를 잘하기 위한 것이 아니다. 최종 목표는 자연과 사물의 질서를 파악하는 이성적·논리적 사고의 기초 역량을 다지는 것이다. '아는 만큼 보인다'라는 속담처럼 이제 육하원칙을 통해 어떤 사건이나 현상을 보다 넓고 깊게 이해할 수 있도록 노력하자.

(3장)

문장은 생각훈련의 도구다

치킨, 햄버거, 어제, 나

이 단어들만으로 무슨 말을 하려는지 알겠는가? 대충 예상은 되지만 명확하지는 않다. 치킨과 햄버거를 직접 만들었을 수도 있고, 고객에게 배달했을 수도 있다. 이처럼 단어를 나열하는 것만으로는 생각을 충분히 전달하기에 부족하다. 이때, '먹었다'라는 단어를 추가하고 각 언어에 맞는 문법에 따라 배열해보자.

어제 나는 치킨과 햄버거를 먹었다.

이제야 비로소 글쓴이의 생각을 분명하게 이해할 수 있다. 이처럼 생각을 언어로 표현하려면 단어의 나열만으로는 부족하며 '완성된 문장'을 만들어야 한다. 문장은 주어와 서술어를 갖추는 것을 기본으로 하고, 서술어에 따라 필요한 요소들이 추가된다.

언어학자들에 의하면 모국어를 사용하는 사람은 의미에 상관없이 문장의 형식이 올바른지 그렇지 않은지에 대한 직관을 가지고 있다. 이를 문법성grammaticality이라고 하는데, 지구상에 존재하는 대부분의 언어에서 주어가 서술어보다 앞에 위치하는 사실만 봐도 이를 알 수 있다. 인지심리학에서는 인간이 문장을 이해하는 과정을 다음과 같이 설명한다.

> 입력(단어 뜻, 범주, 기능어 정보) → 문장처리기(통사 처리, 의미 처리) → 출력(의미, 명제표상)

우선 어떤 단어를 인지한다는 것은 단어의 뜻, 문법적 범주 등의 정보가 우리 머릿속에 있는 심성어휘집에서 나와 작업기억 속으로 들어간다는 뜻이다. 단어가 작업기억 속에 저장되면 자동적으로 문장의 의미가 파악된다. 예를 들어, '진표', '밥', '먹다' 3개 단어의 의미가 파악되면, 우리는 '진표가 밥을 먹었다'라는 말로 이해한다.

인간이 문장을 이해하는 과정

우리가 사용하는 문장은 대부분 복잡한 구조로 되어 있다. 이때 통사 처리 syntactic processes와 의미 처리semantic processes라는 2가지 과정을 거친다.

통사 처리는 촘스키의 수형도tree diagram를 생각하면 된다. 현대 언어학의 선구자인 촘스키는 문장은 '명사구NP(Noun Phrase)'와 '동사구VP(Verb Phrase)' 혹은 주어부와 서술부로 구분된다고 주장했다. 통사 처리는 각각의 단어가 어떻게 결합되며, 어떤 관련성이 있는지를 알려주는 역할을 한다. 통사론에서 문장의 구조를 표현하는 데 사용하는 핵심 도구로 수형도가 있다. 수형도는 낱말들의 묶음에 문법 범주를 표시해 구조가 한눈에 들어오도록 명시적으로 나타낸 것이다.

수형도 예시

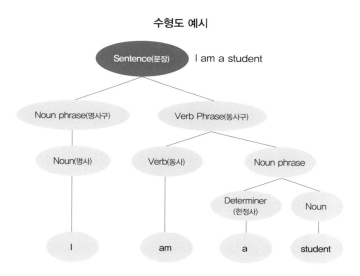

수형도의 형태와 구조는 로직트리와 유사하다. 수형도의 좌우관계는 문장의 선후관계, 즉 어순을 의미한다. 수형도의 상하관계는 지배관계, 즉 계층 구조를 의미한다. 촘스키의 연구에 따르면 수형도를 활용하면 문장의 최소 구성 요소까지 파악할 수 있고, 로직트리처럼 문장 성분들 간의 관계를 논리적으로 분석할 수 있다.

의미 처리는 문장 속의 개별 단어가 서술어와의 관계에서 어떤 의미를 갖는지 파악하는 것이다. '주다'라는 서술어가 있을 때 우리가 궁금한 것은 '누가', '무엇을', '누구에게'이다. 서술어 중심으로 궁금한 것을 떠올리는 것을 인지심리학에서는 '의미역'이라고 지칭한다. 의미역에 해당하는 요소들만 문장에서 찾으면 내용의 핵심을 아주 빠르게 파악할 수 있다.

정리하자면, 통사 처리와 의미 처리는 인간이 문장 단위의 정보를 받아들이는 데 필수적인 2가지 처리 과정이다. 이 중 통사 처리는 문장의 단어들의 문법적 관련성을 연구하는 것이다. 반면 의미 처리는 문장의 개별 단어들이 서술어와의 관계에서 어떤 의미를 갖는지 연구하는 것이다. 인간의 두뇌에서 2가지 중 어떤 작업이 먼저 발생하는지, 아니면 동시에 발생하는지에 대해서는 아직 학자들 간에 의견이 분분하지만, 2가지 작업이 문장을 이해하는 데 수반되는 과정임은 분명하다.

문장을 분석하는 법

문장은 '생각을 표현하는 최소 단위'이므로, 문장을 분석하는 훈련은 생각의 깊이와 폭을 넓혀줄 수 있다. 통사 처리와 의미 처리를 동시에 훈련할 수 있는 방법에 대해 알아보자.

주어와 서술어 찾기

주어와 서술어를 찾는 연습은 영어 공부의 기초다. 영어만이 아니라 모든 문장에는 원칙적으로 주어와 서술어가 포함되어야 한다. 따라서 주어와 서술어 찾기 훈련은 문장을 분석하고 문장의 핵심을 찾는 데 있어 첫 번째 과제다. 하지만 주어를 찾는 일이 생각보다 어려울 때가 많다. 다음 문장에서 주어는 무엇일까?

딸을 낳으면 텃밭에 오동나무를 심었고, 아들을 낳으면 선산에 잣나무나 소나무를 심었다.

그동안 필자가 많은 사람들에게 이 문장의 주어가 무엇인지 물었을 때 대부분이 딸 혹은 아들이라고 대답했다. 그러나 이 문장에는 주어가 생략되어 있다. 이처럼 한국어의 경우 종종 주어를 찾기 어려울 때가 있다. 주어를 생략한 채 표현하는 경우가 많기 때문이다. 이럴 때 주어를 쉽게 찾는 방법은 서술어를 먼저 찾는 것이다.

위 문장의 서술어는 '심었다'다. '심었다'라는 말이 우리에게 궁금증을 불러일으키는 2가지는 무엇인가? 바로 '누가', '무엇을' 심었냐는 것이다. 심는 행위를 한 주체가 바로 이 문장의 주어다. 즉, 이 문장의 주어는 '우리 선조' 정도로 추론할 수 있다. 여기서 서술어는 문법적인 의미가 아닌, 영어에서 동사의 개념 정도로 이해하면 된다. 혹시 그래도 헷갈린다면 주어와 서술어의 '대표'를 찾는다는 정도로 이해하자.

반드시 필요한 요소 찾기

주어와 서술어가 있어도 문장이 성립하지 않는 경우도 있다. 가령 '새는 난다'는 완벽한 문장이지만, '진표는 먹는다'는 불완전한 문장이다. '무엇을' 먹는지에 대해 설명이 추가되어야 문장이 성립한다.

'예쁜 민아는 아름다운 옷을 입는다'라는 문장에서 필수 요소만 뽑아보면 '민아는 옷을 입는다'가 된다. 이처럼 필수 요소를 제외한 부가 요소는 제거할 수 있다. 물론 '예쁜', '아름다운'도 중요할 수 있으나, 그것이 없더라도 문장이 성립되므로 필수 요소보다는 중요하지 않다. 이처럼 필수 요소와 부가 요소를 구분해보는 연습은 '핵심을 파악하는 사고 훈련'의 기초가 된다.

복잡한 문장 분해하기: 내포문과 접속문

문장은 기본적으로 주어와 서술어로 이루어져 있다. 한 문장 안에 주어와 서술어가 한 번씩 나오는 문장을 '단문'이라고 한다. 그러나 문장 안에 주어와 서술어가 항상 한 번씩만 나오는 것은 아니라 상황에 따라 두 번 이상 나오기도 하는데 이러한 문장을 '복문'이라고 한다. 문장이 복잡해지는 경우는 보통 복문 때문이다. 그래서 복문이 어떻게 구분되는지 알아야 문장 분석을 잘할 수 있다. 복문은 절과 절의 관계에 따라 크게 내포문과 접속문으로 나뉜다.

내포문은 '문장 속에 문장이 있는' 문장을 말한다. 예를 들어, '우리는 그가 노력하고 있음을 잘 안다'라는 문장은 '우리가 잘 안다'라는 안은문장 안에 '그가 노력하고 있음'이라는 안긴문장이 들어가 있다.

접속문은 연결 어미에 의해 두 문장이 결합된 문장으로, '꽃이 피고 새가 운다'라는 문장은 '꽃이 피다'와 '새가 운다'라는 두 문장이 '고'라는 대등함을 뜻하는 연결 어미에 의하여 하나로 결합되어 만들어졌다.

승주는 연아의 눈이 예쁘다고 생각한다.

위 문장은 다음과 같이 2개의 문장으로 나눌 수 있다.

- 문장① : 승주는 생각한다.
- 문장② : 연아의 눈이 예쁘다.

이 두 문장 중 문장①은 의미를 갖고 있지 않다. 문장②를 이해해야 본래 문장의 내용을 정확하게 알 수 있다. 접속문을 이해할 때 두 문장이 서로 어떤 관계성을 갖는지 파악하는 것이 중요하다.

- 문장① : 인생은 짧고, 예술은 길다.
- 문장② : 봄이 오니 꽃이 핀다.

문장①은 '인생은 짧다'와 '예술은 길다'라는 2개의 문장이 대등관계임을 나타내는 반면, 문장②는 '봄이 오다'와 '꽃이 피다'라는 2개의 문장이 인과관계임을 나타낸다. 이처럼 내포문인지 접속문인지에 따라 의미 파악에 집중할지 관계 파악에 집중할지 달라진다.

문장을 구조화하는 법

이제 문장이 생각을 표현한 최소 단위라는 점은 명확히 알았을 것이다. 따라서 문장에서도 생각의 범주화 작업을 할 수 있으며, 논리적 관계 파악 역시 가능하다.

맥킨지 문제해결 기술의 핵심은 수직적 관계와 수평적 관계를 이해하는 것이다. 수직적 관계가 원인과 결과, 상위와 하위 등의 관계를 생각하는 것이라면, 수평적 관계는 동위관계들 간의 중복, 누락, 오류를 파악하는 것이다. 이때, 수직적 관계는 피라미드 구조를 통해 표현되며, 수평적 관계는 MECE의 원칙을 따른다. 다음의 문장을 논리적 구조도로 만들어보자.

청소년기에는 키가 크고, 체중이 증가하며, 성별에 어울리는 체형을 갖게 된다.

'키가 크고' '체중이 증가하며' '성별에 어울리는 체형을 갖게 된다'라는 3개의 문장이 '고'와 '며'라는 접속어를 통해 하나의 문장으로 연결돼 있다. 이 3가지 요소들은 동일한 비중을 차지한다는 것을 알 수 있다. 따라서 '키 증가', '체중 증가', '성별에 어울리는 체형 형성'을 동위관계로 표현하고, 이 3가지를 묶는 상위 범주를 '청소년의 신체적 특징'이라고 한다.

이처럼 문장을 구조적으로 표현하는 훈련은 다양한 측면에서 유익하다.

① 언어에 대한 직관을 설명할 수 있다.
② 문장의 핵심을 정확하게 파악할 수 있다.
③ 논리적 사고 훈련을 쉽게 할 수 있다.

생각의 작용은 우리 눈에 보이지 않지만, 언어는 말이나 글로 표현된다. '언어상대성 가설'에 의하면, 우리가 사용하는 언어는 사고에 결정적 차이를 만들 수 있다. 즉, 언어를 어떻게 사용하느냐에 따라 인간의 사고가 결정될 수도 있고, 변화될 수도 있다. 철학자 비트겐슈타인도 "나의 언어의 한계가 나의 세계의 한계다"라고 말했다. 따라서 언어를 통한 생각의 훈련은 그 어떤 생각 훈련보다 다양한 분야에 통용되는 방법이다.

4장

요약은 글의 핵심을 구조화하는 것이다

요약은 짜깁기가 아니다

대학교에서 교수님들이 가장 많이 내주는 과제는 바로 리포트 작성이다. 대학 신입생들의 리포트 작성 방법은 보통 다음과 같다.

- 1단계: 논문, 책, 인터넷 검색 결과 등의 자료를 읽는다.
- 2단계: 중요하다고 생각하는 문장에 밑줄을 긋는다.
- 3단계: 밑줄 친 문장들을 연결해 글로 만든다.

이런 리포트 작성 방식을 우리는 보통 '짜깁기'라고 한다. 짜깁기는 처음에는 쉬워 보여도 내용이 많아질수록 우리의 머리를 복잡하게 만든다. 글의 전체 맥락 속에서 본인이 중요하다고 생각한 문장들을 골라내 연결하다보니, 글쓴이의 논리적 흐름을 깨뜨리기 때문이다. 짜깁기는 요약이 아니다. 단순히 베껴 쓰는 것보다는 낫겠지만 요약은 짜깁기 이상의 것을 요구하는 인지 작업이다.

요약은 '글의 중요한 생각을 간략하게 간추리는 활동'을 의미한다. 즉, '글의 중심 생각main idea을 찾는 작업'과 '중심 생각을 압축해서 글로 표현하는 작업'이다. 이때 중심 생각은 화제topic와 구별된다. 화제는 글에서 주로 다루고 있는 내용을 단어나 구 형태로 표현한 것이다. 반면, 중심 생각은 글쓴이가 글에서 중점적으로 말하고자 하는 내용이다. 쉽게 말해, 중심 생각은 '최상위 화제 + 화제에 대한 설명'이라고 할 수 있다. 문장이 '생각의 최소 표현 단위'라는 점을 봤을 때, 중심 생각을 찾는 작업은 독자로 하여금 글쓴이의 생각을 이해하고 배우는 데 도움을 준다고 할 수 있다.

요약 알고리즘의 등장

인터넷과 스마트폰의 대중화로 온라인상에서 데이터의 양이 빠르게 증가하고 있다. 2010년 이래 전 세계 데이터 생성량은 매년 2배씩 성장하고 있으며, 2020년에는 40제타바이트(1ZB=1조 GB)까지 증가할 것으로 전망된다. 이처럼 데이터의 양이 폭발적으로 늘어나고 있어서 원하는 정보를 찾으려면 예전에 비해 더욱 많은 시간을 들여야 한다. 이런 불편을 해결하고자 인터넷상의 정보를 자동으로 요약하여 사용자에게 제공하는 기술에 대한 필요성이 대두되고 있다. 현재 네이버는 인터넷 신문기사를 자동으로 요약하는 서비스를 제공하고 있으며, 구글 역시 인터넷상의 인물 정보를 자동으로 요약해주는 기술을 갖고 있다.

현재 대표적인 문서 요약 방식인 텍스트랭크TextRank는 구글에서 개발한 페이지랭크PageRank 알고리즘을 활용한 것으로서, 문서 내 문장의 단어들을 그래프로 변환한 다음 단어의 빈도수를 계산하여 문장의 중요도를 산출한 뒤, 이를 기반으로 문장을 요약한다. 많은 언론사가 이런 알고리즘을 탑재한 인공지능 로봇을 활용해 자동으로 기사를 쓰고 있다.

2017년 중국 쓰촨성에서 규모 7.0의 강진이 발생했을 때, 중국 지진국 산하 지진대망센터의 로봇기자는 지진 발생 직후 19분 만에 자동으로 기사를 썼다. 기사를 쓰는 데 걸린 시간은 25초에 불과했다. 지진 발생 위치, 현지 거주 인구 등의 내용을 담은 이 속보는 지도 및 도표와 함께 중국 대표 소셜미디어를 통해 전파되었다. 같은 시간 다른 언론사들의 보도는 로봇기자의 기사에 비해 질적으로나 양적으로나 뒤떨어졌다. 언론사 기자들은 지진에 대한 충분한 배경 지식이 없었고 로봇기자만큼 빨리 정보를 찾을 수도 없었기 때문이다. 그야말로 '로봇 저널리즘'의 시대를 알리는 사건이었다.

아직 문서 요약 및 기사 작성 알고리즘에는 한계점도 있다. 텍스트랭크는 단어들의 빈도수만을 기준으로 중요도를 계산하기 때문에 문장 내 단어 간의 의미적 유사성을 완벽히 고려하지 못한다. 아직 인간 수준의 자연어 생성은 어려운 것이다. 또한 기사 요약 알고리즘 역시 현재 스포츠, 날씨, 증권처럼 표준화된 데이터를 얻기 쉬운 분야에 한해서 주로 사용되며, 그 이외의 분야에서는 사람처럼 기사를 쓰지 못하는 상황이다.

그래도 우리가 눈여겨볼 점은 텍스트를 이해하고 산출하는 알고리즘이 있다면 인간이 텍스트를 요약하는 인지적 프로세스에도 이러한 알고리즘을 조금이나마 활용할 수 있다는 것이다.

요약의 규칙

요약의 규칙은 언어학의 텍스트 구조 분석 연구의 결과물이다. 1960년대까지는 텍스트 구조를 연구할 때 문장을 최대 문법의 단위로 했지만 문장을 넘어서는 단락과 글을 이해하는 데 한계를 보이자, 각 단어 수준에서 구조를 파악하는 연구가 진행되었다. 1970년대에 정립된 요약 규칙들에는 다음과 같은 공통점이 있다.

- 삭제
  - 사소하거나 불필요한 내용은 삭제하기
  - 반복되는 내용 삭제하기
- 일반화(상위 분류)
  - 상위어로 바꾸기
  - 일반적 행동으로 바꾸기
- 주제문 선택 및 창출
  - 글 속에 주제문이 있으면 선택하기
  - 마땅한 주제문이 없으면 스스로 만들기

글의 내용을 잘 요약하기 위해서는 정보들 간의 관계와 계층적 구조를 파악할 수 있어야 한다는 점을 알 수 있다. 최상위 구조에 위치하는 정보가 글에서 가장 중요한 정보가 되며, 하위 구조에 있는 내용이 이를 뒷받침하는 세부 내용이 되는 것이다. 따라서 상위에 있는 중요한 정보를 중심으로 글을 쓰면 자연스럽게 글의 요약문이 된다는 점을 시사한다. 필자는 텍스트 구조 분석 연구를 기초로, 7단계의 요약 법칙을 제시하고자 한다.

- 1단계: 어휘 학습
- 2단계: 문장 분석
- 3단계: 수식 요약(명사화)
- 4단계: 범주코딩(범주화)
- 5단계: 구조코딩(구조화)
- 6단계: 요약 문장
- 7단계: 코딩 쓰기

어휘 학습은 단락 속에 모르는 단어가 있을 때 사전을 찾아 뜻을 적고 유의어와 반의어를 적어보는 단계다. 단어에 대한 정확한 개념을 알고 있어야 글의 의미를 명확하게 파악할 수 있다. 문장 분석은 문장 속에서 주어와 서술어를 찾은 뒤 서술어를 중심으로 육하원칙에 해당되는 의미상의 덩어리를 파악하는 단계다. 문장의 핵심을 파악하는 과정이다. 이어진 문장이 있을 시, 단문으로 나눠서 분석한다.

수식 요약은 각 문장의 내용에서 주어와 서술어를 파악한 뒤 주어를 가장 끝에 위치하는 수식 형태의 명사구로 만드는 단계다. 예를 들어, '우리 선조는 나무를 심는다'라는 문장을 '나무를 심는 우리 선조'로 바꾸는 것이다. 범주코딩은 수식 요약의 명사구들을 각각 상위 범주로 만들어보는 단계다. 내용을 일반화하는 과정이라고 보면 된다.

구조코딩은 범주코딩한 내용을 논리적 구조도로 만드는 단계다. 이때 MECE의 원칙에 맞게 내용상 중복, 누락, 오류가 없도록 계층화시킨다. 또한 상위 항목만으로 예상이 가능하거나 불필요한 부분이 있다면 과감히 삭제하거나 일반화시킨다. 논리적 구조도를 포괄하는 전체 제목도 만들어준다.

요약 문장은 구조코딩을 통해 만들어진 논리적 구조도를 포괄하는 주제 문장을 만드는 것이다. 주어와 서술어를 먼저 생각한 뒤 서술어에 필요한 내용을 스스로 질문하면서 추가하는 방식으로 만들면 보다 쉽게 쓸 수 있다.

필자가 제시한 7단계 요약 법칙에는 다음과 같은 이점이 있다.

첫째, 글이나 상황의 핵심을 정확하게 파악하는 능력이 향상된다. 문장을 분석하는 과정에서 문장의 주어와 서술어를 찾아야 하기 때문에, 문장의 핵심을 파악하는 연습이 된다. 또한 육하원칙을 중심으로 의미상의 덩어리를 나누는 작업을 통해 매직넘버 세븐에 따라 빠르고 오랫동안 정보를 기억하는 능력이 길러진다.

둘째, 개념이나 생각을 명확하게 표현하는 능력이 향상된다. 리처드 니스벳에 의하면, 서양은 명사 중심으로 사고하는 경향이 있다.[9] 학문의 발달이 서양에 의해 주도적으로 이루어진 것으로 봤을 때, 명사(구) 형태로 표현하는 작업은 애매모호하지 않게 개념을 표현하게 한다.

셋째, 범주화 및 조직화 능력이 향상된다. 언어와 사고는 서로 독립된 것이 아니다. 내용코딩을 통해 글의 계층을 구조화하고, 불필요한 부분을 삭제 및 재구성하는 작업은 생각의 범주화 수준을 높임으로써 우리 생활 속에서의 범주화 능력도 동시에 발전시킬 것이다.

7단계 요약 법칙 예시

고조선은 우리나라에 처음으로 세워진 고대 국가이다. 첫 지배자였던 단군왕검은 한민족의 시조로 추앙받고 있다. 고조선은 단군조선—위만조선 순으로 지배자에 따른 정치적 변화를 겪었으며, 문화는 청동기 시대에서 철기 시대로 변화했다. 그리고 만주와 한반도 북부지역에 걸친 넓은 영토를 갖기도 했다.[8]

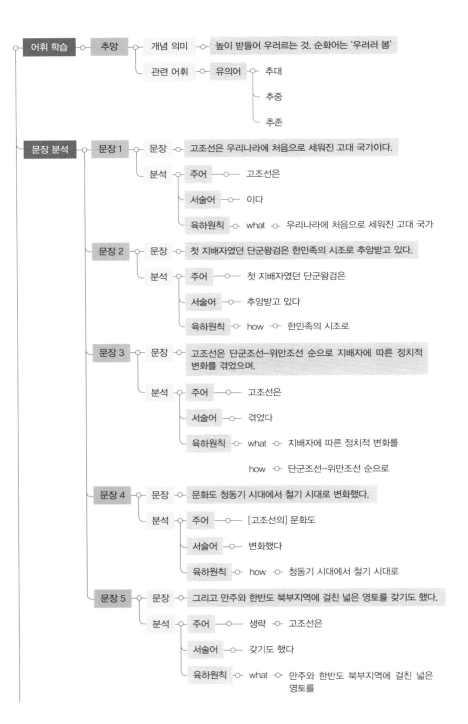

어휘 학습 ─○ 추앙 ─○ 개념 의미 ─○ 높이 받들어 우러르는 것. 순화어는 '우러러 봄'
                └─ 관련 어휘 ─○ 유의어 ─○ 추대
                                        추중
                                        추존

문장 분석 ─○ 문장 1 ─○ 문장 ─○ 고조선은 우리나라에 처음으로 세워진 고대 국가이다.
                    └─ 분석 ─○ 주어 ─── 고조선은
                               서술어 ─○ 이다
                               육하원칙 ─○ what ─○ 우리나라에 처음으로 세워진 고대 국가

            문장 2 ─○ 문장 ─○ 첫 지배자였던 단군왕검은 한민족의 시조로 추앙받고 있다.
                    └─ 분석 ─○ 주어 ─── 첫 지배자였던 단군왕검은
                               서술어 ─○ 추앙받고 있다
                               육하원칙 ─○ how ─○ 한민족의 시조로

            문장 3 ─○ 문장 ─○ 고조선은 단군조선–위만조선 순으로 지배자에 따른 정치적
                                변화를 겪었으며,
                    └─ 분석 ─○ 주어 ─── 고조선은
                               서술어 ─○ 겪었다
                               육하원칙 ─○ what ─○ 지배자에 따른 정치적 변화를
                                          how ─○ 단군조선–위만조선 순으로

            문장 4 ─○ 문장 ─○ 문화도 청동기 시대에서 철기 시대로 변화했다.
                    └─ 분석 ─○ 주어 ─── [고조선의] 문화도
                               서술어 ─○ 변화했다
                               육하원칙 ─○ how ─○ 청동기 시대에서 철기 시대로

            문장 5 ─○ 문장 ─○ 그리고 만주와 한반도 북부지역에 걸친 넓은 영토를 갖기도 했다.
                    └─ 분석 ─○ 주어 ─── 생략 ─○ 고조선은
                               서술어 ─○ 갖기도 했다
                               육하원칙 ─○ what ─○ 만주와 한반도 북부지역에 걸친 넓은
                                                  영토를

수식 요약	우리나라 최초 건국된 고대 국가인 고조선
	한민족의 시조로 추앙받고 있는 첫 지배자 단군왕검
	단군조선-위만조선 순으로 지배자에 따른 정치적 변화를 겪었던 고조선
	청동기 시대에서 철기 시대로 변화했던 고조선 문화
	만주와 한반도 북부지역에 걸친 넓은 영토를 갖기도 했던 고조선

범주코딩	고조선의 건국 의미	우리나라 최초 건국된 고대 국가인 고조선
	단군왕검의 의미	한민족의 시조로 추앙받고 있는 첫 지배자 단군왕검
	고조선의 정치적 변화	단군조선-위만조선 순으로 지배자에 따른 정치적 변화를 겪었던 고조선
	고조선의 문화적 변화	청동기 시대에서 철기 시대로 변화했던 고조선 문화
	고조선의 영토	만주와 한반도 북부지역에 걸친 넓은 영토를 갖기도 했던 고조선

구조코딩

고조선의 역사
- 고조선의 건국
  - 건국 의미 ○ 우리나라 최초 건국된 고대 국가
  - 첫 지배자 ○ 단군왕검 ○ 한민족의 시조로 추앙받고 있는 첫 지배자
- 고조선의 변화
  - 고조선의 정치적 변화 ○ 단군조선-위만조선
  - 고조선의 문화적 변화 ○ 청동기 시대에서 철기 시대로
- 고조선의 영토 ○ 만주와 한반도 북부지역에 걸친 넓은 영토 차지

요약문장

6)한민족의 시조로 추앙받고 있는 단군왕검이 건국한 5)우리나라 최초의 고대 국가인 1)고조선은 4)단군조선-위만조선이라는 정치적 변화와 청동기 시대-철기 시대라는 문화적 변화를 겪으면서 3)만주와 한반도 북부지역에 걸친 넓은 영토를 2)차지했다.

코딩 쓰기

우리나라 최초의 고대 국가인 고조선은 한민족의 시조로 추앙받고 있는 단군왕검이 세운 국가다. 고조선은 크게 정치적 변화와 문화적 변화를 겪으면서 발전했다. 정치적으로는 단군조선에서 위만조선이라는 지배자에 따른 변화를 겪었으며, 문화적으로는 청동기 시대에서 철기 시대로의 변화를 겪었다. 또한 고조선의 세력 범위는 만주와 한반도 북부지역에 이를 만큼 넓은 영토였다.

4부

공부코딩:
상위 1%
기적의 공부법

1장

모든 걸 깡그리 암기하는 공부는 그만둬라

무작정 외우는 사람들

필자는 어린 시절 공부를 잘하려면 이해보다 암기, 질보다는 양이 중요하다고 생각했다. 초등학생 시절에는 각 과목별로 모범 답안이 수록된 전과를 학교에 꼭 챙겨 다녔다. 전과를 몰래 읽은 다음 전과에 적혀 있는 대로 선생님 앞에서 당당하게 발표했다. 방학숙제도 전혀 부담스럽지 않았다. 방학숙제 교사용 지침서를 구해 그대로 베꼈기 때문이다. 중·고등학생 시절에도 마찬가지였다. 주요 과목은 물론 체육, 음악, 미술 등 예체능 과목까지 자습서 내용을 통째로 외우는 방식으로 공부를 했다.

필자의 이러한 공부법은 대학교 1학년 때까지 이어졌다. 다른 과목에 비해 학습량이 절대적으로 많은 법학을 공부하는 방법치고는 단순무식했다. 시험범위 내용을 요약한 A4용지 50여 장을 한 글자도 빠짐없이 달달 외우는 방식이었다. 시험기간 동안 볼펜을 20자루씩 썼을 정도다. 시험이 끝난 후에는 허무함이 밀려왔다. 공부했던 내용이 시험이 끝남과 동시에 기억에서 사라졌기 때문이다.

필사적인 암기가 필자만의 경험은 아닐 것이다. 그리고 이런 방법으로 시험을 준비하는 이들이 여전히 많다. 인터넷 검색만 해도 궁금증을 일시에 해소할 수 있는 시대에 왜 우리나라 사람들은 암기에 몰두하는 것일까?

질문하지 않는 한국의 기자들

2009년 9월, 세계 주요 20개국 정상들이 모이는 G20 회의가 서울에서 사상 최대 규모로 개최되었다. 회의 마지막 날, 미국의 버락 오바마 대통령은 폐막 연설을 마치면서 돌발 제안을 했다. 개최국 역할을 훌륭히 해낸 대한민국에 대한 감사의 표시로 한국 기자들에게만 특별히 질문권을 주겠다고 했다. 그러나 기자회견장을 채운 것은 침묵이었다. 질문을 하겠다고 손을 드는 한국 기자가 한 명도 없었다.

그때 한 중국인 기자가 손을 들며 대한민국 대신 아시아의 대표로서 질문 기회를 달라고 요청했다. 오바마 대통령은 중국 기자의 제안을 부드럽게 거절하고, 다시 한 번 한국 기자들에게 질문할 시간을 줬다.

"아무도 없나요?"

오바마 대통령의 몇 번의 물음에도 대한민국 기자석은 고요했다. 결국 질문권은 중국 기자에게로 넘어갔다.

좋은 질문을 던지는 것이 곧 기자의 경쟁력이다. 기자는 질문으로 먹고 산다고 해도 과언이 아니다. 현장을 최대한 잘 파악하기 위해서, 취재 대상이 원하는 대답을 이끌어내기 위해 기자는 주어진 시간 내에 적절한 질문을 최대한 많이 해야 한다. 그런데 도대체 왜 대한민국 기자들은 평생 한 번 올까말까 한 미국 대통령에게 질문할 기회를 놓쳤을까?

물론 여기에는 여러 가지 이유가 있을 것이다. 손을 들고 질문을 함으로써 자신에게 많은 사람들의 시선이 집중되는 것이 부담스러울 수도 있고, 상황에 적합한 질문이 아니어서 망신을 당할까봐 걱정이 앞섰을 수도 있다. 하지만 많은 교육계 전문가는 그보다는 대한민국의 교수법 및 평가 방법이 사람들로 하여금 질문하는 능력을 잃게 만들었다고 본다.

국제 학업 성취도 평가에서 항상 높은 순위에 오르지만 국제 성인 역량 평가에서는 점점 순위가 하락하는 국가. 대한민국 교육에 문제가 있다는 점은 분명해 보인다.

서울대 A+ 학생들의 공부법

한국식 교육의 문제점을 논할 때 빠지지 않고 나오는 이슈 중 하나는 '주입식 교육'이다. 주입식 교육은 고등교육에서 멈추지 않고 대학교까지 이어진다.

이혜정 교육과학혁신연구소장은 서울대학교 교수학습개발센터 재직 시절, 서울대에서 학점이 높은 학생 1,111명의 공부법에 대해 조사했다. 우수한 학생들의 공부 노하우를 알면 공부를 어려워하는 학생들에게 도움을 줄 수 있겠다는 판단 때문이었다. 특별한 공부법이 있을 것이라는 기대와 달리 결과는 예상 밖이었다. 서울대에서 A+를 받는 학생 대부분의 공부법이 교수님의 강의를 녹음하거나 필사한 뒤 그대로 암기하는 것이었다. 심지어 자신의 의견이 교수님 의견과 다르더라도 교수님의 입장대로 답을 작성한다고까지 했다.[1]

이런 현상이 학생들의 탓이라고 할 수 없다. 장학금을 받으려면, 또는 좋은 직장에 취업하려면 높은 학점이 필요하다보니 교수님의 평가 방법에 맞출 수밖에 없었을 것이다. 대학의 행정 시스템 역시 아직은 교수진의 자유로운 교수 방법이나 평가 방법을 수용하기에 역부족이므로, 교수의 잘못이라고 보기도 어렵다. 그야말로 총체적 난국에 빠진 상황이다. 이렇게 한국인은 대학에서조차 수용적 사고에 익숙해지고, 비판적 사고와 창의적 사고를 단련할 기회를 얻지 못한 채 사회인이 된다. 그러다보니 처음 마주하는 낯선 상황에서 정해진 답만 찾다가 문제를 해결하지 못하는 경우가 많이 발생한다.

공부에 대한 개념을 바꿔라

우리는 '공부'와 '기억'을 동일시하는 경향이 있다. 이는 많은 시험이 일종의 기억력을 검사하는 형태로 만들어졌기 때문이다. 그러나 '공부=기억'이 아니다. 일상생활에서 발생하는 많은 문제는 단순히 관련 지식을 알고 있는 것만으로 해결되지 않는다. 삶에는 다양한 관점에서 분석하고, 때로는 창의적으로 생각해야 해결되는 문제가 많다. 스웨덴의 심리학자 마튼과 살조는 학습의 개념을 5가지로 구분했다.

① 지식의 양적 증가

② 기억

③ 사실, 기술, 방법 획득

④ 의미 추출

⑤ 사실 해석 및 이해[2]

공부는 단순히 지식을 늘리고 기억하는 것에 그치지 않는다. 이제 교수자의 역할도 변화되어야 한다. 학습자가 여러 가지 원리를 생활 속 다양한 현상과 연관 짓도록 하고, 창의적으로 접근하도록 자극해야 한다. 더불어 '학습법의 학습learning to learn'에 대해 스스로 익힌 뒤, 학습자에게 지도하는 교수자가 되어야 한다.

2장

단순반복 학습은 결과를 보장하지 않는다

'1,000명의 사람이 있다면, 1,000가지 공부법이 있다'는 말이 있다. 공부에 왕도는 없지만 공부법의 핵심으로 많은 학습자가 공통적으로 꼽는 것이 있다. 바로 '반복'이다. 시중에 알려져 있는 수많은 공부법들은 '효과적인 반복 학습을 위한 조언'이라고 해도 과장이 아니다.

일본의 변호사 야마구치 마유는 도쿄대를 수석으로 졸업하고 사법시험을 패스한 비결로 '7번 읽기 공부법'을 꼽았다. 공부할 내용을 빠르게 훑어봄으로써 전체적인 흐름을 인지한 뒤, 천천히 읽으면서 내용을 이해하는 과정을 7번으로 적절히 배분하는 전략이다. 단순한 '인지'에서 명확한 '이해'로 전환하는 공부법이라고 할 수 있다.

독일의 심리학자 헤르만 에빙하우스의 기억 실험은 반복의 중요성을 널리 알린 연구다. 에빙하우스는 피실험자들에게 뜻이 없는 철자를 암기하도록 한 뒤, 기억에서 사라지는 시간을 측정했다. 실험 결과, 암기 후 20분이 지나면 58%, 1시간이 지나면 44%, 하루가 지나면 33%, 한 달이 지나면 21%만이 기억에 남았다.[3]

에빙하우스는 이러한 망각을 최소화하기 위해 재학습의 필요성을 강조했다. 즉, 망각이 발생하는 시간대에 다시 반복적으로 학습함으로써 오랫동안 기억을 지속할 수 있다는 것이다. 에빙하우스의 기억 실험 이후 효과적인 분산학습과 재학습에 대한 공부법이 많이 개발되었다.

하지만 문제가 발생했다. 많은 사람이 반복의 횟수에 집착한 것이다. 물론 재학습을 거듭할수록 많은 내용을 오랜 시간 기억할 가능성은 높아진다. 그러나 반복 횟수를 채우는 데에만 열중하면 공부 내용을 머리에 담지 않고 생각 없이 눈으로만 훑어보는 비효율적인 공부로 이어질 여지가 있다. 열심히 공부를 했는데 결과가 좋지 않다고 실망하는 사람들의 대다수가 이런 경우다. 반복은 학습에 있어 중요한 요소임은 분명하다. 그러나 더욱 중요한 것은 '반복하는 횟수'가 아니라 '반복하는 방법'임을 명심해야 한다.

미엘린을 두껍게 하라

저명한 저널리스트 대니얼 코일이 쓴 《탤런트 코드》는 아마존 자기계발 분야에서 1위를 할 정도로 선풍적인 인기를 끈 책으로서 특별한 능력을 가진 사람들의 3가지 법칙을 소개한다. 코일은 이 책에서 재능 있는 사람들이 가진 능력의 핵심이 미엘린myelin이라고 주장했다.[4]

미엘린은 뇌 속의 뉴런을 감싸고 있는 물질이다. 뉴런을 전선에 비유한다면 미엘린은 전선을 감싸고 있는 피복의 역할을 함으로써 뉴런을 통해 전달되는 전기 신호가 새어나가지 않도록 보호하는 것이다. 태어난 지 2년이 지나면 뇌 속의 모든 신경이 미엘린으로 감싸지는데, 마치 그 모양이 비엔나 소세지 같다. 미엘린으로 감싸지 않은 뉴런은 신호전달 속도가 약 시속 6킬로미터에 불과한 반면, 미엘린으로 감싼 뉴런의 신호전달 속도는 약 시속 300킬로미터다.

영국 옥스퍼드대 임상신경학과 하이디 요한센버그 교수는 다음과 같이 말했다.

> 기술을 배울 때 미엘린이 만들어지며, 미엘린이 많이 생기면 뉴런의 신호전달 속도도 빨라지기 때문에 더욱 그 일을 능숙하게 할 수 있다.[5]

즉, 미엘린의 두께는 능력과 밀접한 연관이 있다. 특정 학습이나 연습을 많이 할수록 미엘린이 많이 형성되고, 뉴런의 신호전달 속도도 높아지며, 그 결과 수행의 수준도 높아진다.

정확한 신호의 반복

그렇다면 어떻게 미엘린을 두껍게 만들 수 있을까? 그 비밀은 '단순 반복'이 아닌, '정확한 신호의 반복'이다. 정확한 신호는 '어떤 내용을 학습할 때 대강 이해하고 넘어가는 것이 아니라 완벽히 이해하는 것'을 의미한다. 정확한 신호를 반복하는 과정은 즐겁지 않다. 철저히 목표 지향적이고 현재의 수준을 뛰어넘기 위한 노력을 수반한다. 따라서 간혹 포기하고 싶을 때도 있다. 그러나 중간에 그만두면 우리 뇌 속의 초고속 회선 공사 작업도 동시에 멈춰버린다.

다소 지루하고 괴로워도 관련 분야의 일을 잘하기 위한 절차를 의식적으로 따르려고 노력해야 한다. 혼자 하기 어렵다면 교사나 코치의 도움을 받는 게 좋다. 끊임없는 의식적 노력의 과정은 미엘린을 점차 두껍게 만들고, 어느 순간 어려웠던 그 일을 무의식적으로 쉽게 할 수 있게 된다. 마치 우리가 선천적으로 가졌던 능력인 것처럼 의식적 노력으로부터 해방된다.

뇌과학자 필즈 박사는 한국 여자 골프선수들이 다른 나라 선수들보다 평균적으로 더 두꺼운 미엘린을 가졌을 것이라고 예상했다. 골프에 필요한 근육과 관련된 부분에 두꺼운 미엘린층이 형성되어 최적화된 스윙을 할 수 있다는 것이다. 이는 비단 운동 영역에만 해당하지 않는다. 어떤 분야에서든 전문가가 되려면 해당 분야가 요구하는 수많은 패턴을 익히고 응용할 수 있어야 한다.

학습 과정도 마찬가지다. 학습 내용을 완벽하게 이해하지 못하더라도 객관식 시험에서는 답을 맞힐 수 있다. 그러다보니 객관식 시험 준비는 대충하고 싶은 충동이 든다. 하지만 이런 학습으로는 절대 최고가 될 수 없다.

서울대학교 학생 3,121명의 공부법을 연구한 스터디코드의 조남호 대표는 국어와 영어 공부의 핵심은 '완전해석'이라고 한다. 지문 안에서 한 문장도 빠뜨리지 않고 꼼꼼히 해석하는 것을 의미한다. 많은 양을 반복하는 공부가 아니라, 느리더라도 꼼꼼하게 하는 학습의 중요성을 보여주는 연구다.

정확한 이해를 전제로 한 학습은 많은 시간을 필요로 한다. 대충 넘겨본다면 지금 당장은 편해도 장기적으로는 바람직하지 않다는 사실을 인지해야 한다. 우리 두뇌가 좋아하는 방식으로 공부하자. 느리더라도 제대로 학습하는 습관이 형성되면 학습 속도는 저절로 따라온다는 사실을 기억하자.

3장

메타인지가 능력을 만든다

나 자신을 아는 능력, 메타인지

"너 자신을 알라." 그리스 델포이 신전 입구에 새겨진 글귀로, 소크라테스의 격언으로 알려져 있다. 그러나 이 말의 원조는 따로 있다. 철학사가인 디오게네스 라에르티오스에 따르면, 고대 그리스의 7현인 중 한 명인 탈레스가 가장 먼저 이 말을 했다. 물이 만물의 원천이라고 주장한 탈레스는 세계의 근본 원리에 대해 생각했다는 점에서 최초의 서양철학자라고 불린다. 탈레스는 '사람에게 어려운 일이 무엇이냐'는 질문에 대해 "자기 자신을 아는 것이 가장 어렵고, 남을 충고하는 것이 가장 쉽다"고 대답했다고 한다.

　누가 가장 먼저 말했든 이 말이 가진 의미를 아는 것이 더 중요한데 플라톤의 《대화편》에 이에 대한 해답이 나온다. 카이레폰은 그리스 전체에서 가장 지혜로운 사람이 누구냐는 질문에 "소크라테스"라고 자신 있게 대답한다. 그러면서 그 이유를 이렇게 말한다.

소크라테스는 적어도 자신이 무지하다는 사실을 안다.[6]

즉 '너 자신을 알라'는 것은 '너 자신의 무지를 알라'는 말이다. 자신의 무지를 스스로 깨달아야 비로소 제대로 된 지식을 얻을 수 있으며 올바르게 행동할 수 있다. 자기가 모른다는 사실을 아는 것의 중요성은 비단 철학에 국한되지 않는다. 바로 이것이 기억과 학습에 있어 가장 중요한 개념이며 인지심리학에서는 이를 '메타인지meta-cognition'라고 부른다.

'한 단계 높은, ~에 대한, ~넘어서'를 뜻하는 접두어 메타meta와 '어떤 사실을 안다'는 뜻인 인지cognition의 합성어인 메타인지는 '자신의 사고 과정을 한 단계 높은 곳에서 바라보는 것'이다. 즉, '사고에 대한 사고', '생각을 생각하는 것'이라고 할 수 있다. 이러한 어원적 의미에 따라 '상위인지', '초인지'라고 부르기도 한다. 메타인지는 동물에게는 없는 인간만의 고차원적인 사고 능력이다.

메타인지는 통상적으로 '내가 아는 것과 모르는 것이 무엇인지를 아는 능력'이라고 알려져 있다. 하지만 이는 메타인지의 구성 요소를 고려했을 때 다소 충분하지 못한 정의다. 미국 컬럼비아대학교 인지과학자 리사 손 교수에 따르면, 메타인지는 크게 '자기 평가'와 '자기 조절'로 나뉜다.[7] '자기 평가'는 '무엇을 배우거나 실행할 때 스스로 얼마나 알고 있는지 명확하게 인식하는 능력'이다. 앞에서 말한 메타인지의 정의는 자기 평가에 해당한다. '자기 조절'은 '자기 평가에 기초해 자신이 모르는 부분을 보완하기 위한 계획을 수립하고, 그 계획의 실행 과정을 평가하는 것에 이르는 전반'

을 의미한다. 시중에 알려져 있는 자기주도학습은 대부분 '자기 조절' 능력을 향상시키기 위한 것이다. 이러한 구성 요소를 고려하면 메타인지의 정의는 '내가 무엇을 알고 무엇을 모르는지 알고, 내가 하는 행동의 결과를 예측하고 평가할 수 있는 능력 전반'이라고 해야 한다.

상위 0.1% 학생들의 비밀

메타인지는 1970년대에 미국의 발달심리학자 존 플라벨이 처음 사용했다. 플라벨은 성인과 아동의 기억력에 대한 실험을 했다. 실험 결과, 성인들은 스스로 외웠다고 생각한 것과 실제 외운 것이 대체로 일치했지만, 아이들은 외웠다고 생각한 것과 실제 외운 것이 불일치하는 경우가 많았다.[8] 이실험은 성인과 학생 간 비교뿐 아니라, 성적이 높은 학생과 낮은 학생 간의 차이를 설명하는 근거로도 활용된다.

〈EBS 다큐프라임: 학교란 무엇인가〉 제작팀은 '상위 0.1%의 비밀' 편에서 모의고사를 치른 후 상위 0.1%에 속하는 800명과 평균 학생 700명의 차이점을 알아보기 위한 실험을 했다. 그중 하나는 '학업 성취도와 기억력의 상관관계'에 대한 실험이었다. 실험은 플라벨의 실험과 유사했다. 여행, 변호사, 과자 등 연관성이 없는 단어 25개를 하나당 3초씩 차례대로 보여준 뒤, 본인이 확실히 기억하는 단어의 개수를 적도록 하고 다음에는 기억하고 있는 단어를 적게 했다.

결과는 흥미로웠다. 상위 0.1% 학생들은 개수의 많고 적음을 떠나 예측한 개수와 실제 기억한 단어 개수가 일치했다. 반면, 평균 학생들은 대부분

예측한 단어 개수와 실제 기억한 단어 개수가 달랐다. 이 실험은 기억력의 좋고 나쁨보다 자신의 기억력을 객관적으로 바라보는 메타인지와 학업 성적 사이에 밀접한 상관관계가 있다는 것을 밝혔다.

메타인지의 가장 큰 특징은 지능과 달리 노력을 통해 얼마든지 향상된다는 점이다. 인지심리학자들의 연구에 따르면, IQ(지능 지수)가 성적에 미치는 영향은 25% 정도에 불과하지만, 메타인지와의 연관성은 40%나 된다. 실제 EBS 제작팀의 실험에서도 상위 0.1% 학생들과 보통 학생들 사이에 IQ는 크게 차이가 없었고, 부모의 경제력이나 학력도 별반 다르지 않았다.

'머리가 좋다'는 말은 선천적으로 지능이 높다는 의미로 쓰이는 경향이 있다. 그러나 이제 우리는 위의 실험을 통해 메타인지는 후천적 노력을 통해 충분히 향상될 수 있다는 것을 알았다. '노력'으로 '능력'을 만들 수 있다.

메타인지 향상 비법

그렇다면 메타인지는 어떻게 향상될까? 많이 알려진 방법으로 '선생님 놀이'와 '셀프테스트'가 있다. '선생님 놀이'는 내가 다른 사람을 가르치는 입장이 되었다고 가정한 뒤, 학습한 내용을 차근차근 말로 표현해보는 것이다. 행동인지과학 분야의 세계적인 대가 아트 마크먼은 이렇게 말했다.

세상에는 두 가지 종류의 지식이 있다. 첫 번째는 내가 알고 있다는 느낌은 있는데 설명할 수 없는 지식이다. 두 번째는 내가 알고 있다는 느낌뿐만 아니라 남들에게 설명할 수도 있는 지식이다. 두 번째 지식만이 진짜 지식이며 내가 쓸

수 있는 지식이다.[9]

　우리는 자주 경험한 것은 잘 안다고 착각하는 경우가 많다. 특히 객관식 공부에 익숙한 사람에게는 그러한 경향이 더욱 강하게 나타날 수밖에 없다. 말로 설명하지 못해도 눈으로 봤을 때 정답을 판단할 수 있으면 좋은 결과를 얻을 수 있기 때문이다. 전교 1등 학생을 기억해보자. 자기 공부만 하는 게 아니라, 전교 2등 학생이든 꼴찌든 누가 질문을 해도 친절하게 설명해주는 장면이 떠오를 것이다. 그 친구가 본래 천성이 착해서일 수도 있지만 스스로 설명하면서 본인도 정확히 몰랐던 개념을 더욱 명확하게 깨달은 경험이 그런 선한 행동에 영향을 주었을 수도 있다.

　미국 메인주에 있는 행동과학연구기관 NTL의 학습 효율성 피라미드The Learning Pyramid에 따르면, 자신이 알고 있는 내용을 남에게 설명하는 것이 여러 공부 방식 중 가장 효율적이라는 사실이 증명되었다.

　선생님 놀이를 할 수 있는 상황이 아니라면 셀프테스트도 효과적이다.

학습 효율성 피라미드

5%　↓ 강의 듣기
10%　↓ 읽기
20%　↓ 시청각 수업 듣기
30%　↓ 시범강의 보기
50%　↓ 집단 토의
75%　↓ 실제 해보기
90%　↓ 서로 설명하기

・출처: National Training Laboratories

자신이 직접 공부한 내용에 대한 문제를 만들고 풀어 보는 것이다. KBS 〈시사기획 창〉에서는 인천의 하늘고등학교 학생들과 한 실험을 했다. 모니터 스크린에 전혀 관련 없는 단어 50개를 보여준 다음 한 집단은 스스로 문제를 내서 답해보도록 하고, 다른 집단은 단순반복을 통해 외우도록 했다. 실험 결과, 셀프테스트를 한 학생들이 단순반복으로 암기를 한 학생들보다 평균 10점을 높게 받았다.[10]

처음에는 셀프테스트가 어색하고 힘들 것이다. 셀프테스트에서 답이 많이 틀리면 스트레스를 받기도 한다. 하지만 이 스트레스는 긍정적인 스트레스다. 내가 무엇이 부족한지 깨우쳐줌으로써 다 안다고 착각하는 우리의 두뇌를 자극한다. 새로운 지식을 떠올리려고 노력하는 행위는 우리의 기억력을 강화시킨다. 지금 당장 떠오르지 않는 내용도 다음에 봤을 땐 훨씬 빠르게 이해되도록 한다.

셀프테스트를 위한 별도의 준비물은 없다. 머릿속에서도 충분히 가능하다. 공부한 내용을 떠올려보고 스스로 질문을 던지고 답해보자. 이와 같이 학습한 내용을 검토하고 자체적으로 질문하는 행동을 인지심리학에서는 반추reflection라고 한다.

공부한 내용을 끄집어내는 힘

선생님 놀이와 셀프테스트는 메타인지를 향상시키는 '인출'의 일종이다. 앞서 소개한 '인출'을 다시 설명하면 '장기기억에서 정보를 탐색하거나 작업기억으로 정보를 전달하는 과정'을 말한다. 인출은 학습과 기억력에도 도움을 준다. 고대 그리스 철학자 아리스토텔레스는 다음과 같이 말했다.

어떤 것을 상기하는 연습을 계속하면 기억이 강화된다.

시험을 치는 이유도 인출을 통해 학습의 효과를 높이기 위해서다. 인출은 기억의 매듭 역할을 수행한다. 하지만 인출 작업은 쉽지 않다. 선생님 놀이와 셀프테스트가 학습에 도움이 된다는 사실을 알아도 막상 하려고 하면 어렵다. 그래서 결국 포기해버리고 원래 하던 단순반복 학습으로 돌아간다. 이런 일이 발생하는 이유는 인출의 과정에 대한 이해가 부족하기 때문이다. 물론 어렵고 괴롭더라도 인내심을 가지고 선생님 놀이든 셀프테스트든 인출을 꾸준히 하면 분명히 효과가 있을 것이다. 하지만 억지로 하는 학습은 즐겁지 않다. 인출을 수월하게 하려면 학습의 프로세스에 대한 이해가 선행되어야 한다.

학습은 '부호화', '통합', '인출'이라는 3단계 과정을 거친다. 먼저 '부호화'는 정보가 작업기억에서 장기기억으로 넘어가는 과정이다. '통합'은 장기기억을 위해 심적 표상을 강화하는 과정이다. 새로운 지식은 불안정하므로 기존의 지식에 연결하여 의미를 부여함으로써 기억을 안정시킬 수 있다. '인출'은 부호화되고 통합된 지식을 필요할 때마다 끄집어내는 과정이다. '인출'이 잘되려면 먼저 '부호화'와 '통합'이 잘되어 있어야 한다. 억지로 참아가며 하는 학습은 그만두자. 인간이 학습하는 프로세스에 대한 이해를 기반으로 학습한다면 우리의 메타인지를 더욱 빠르게 향상시킬 수 있다.

4장

노트 필기에도 방법이 있다

매년 쌓여가는 노트들

새 학기가 시작하기 전, 문구점에서 마음에 드는 노트와 필기도구를 고를 때면 설렘과 의욕이 솟는다. 다 쓰지 못한 노트가 남아 있어도 새로운 마음 가짐으로 새것을 구매한다. 표지에 정성스레 이름도 쓴다. 학기가 시작하면 며칠 동안은 수업 내용을 열심히 받아 적는다. 비장한 각오로 알록달록 다양한 색깔을 사용해 노트를 장식한다. 하지만 점점 손목이 저리기 시작하고 노트 필기에 너무 많은 시간이 소요되는 것처럼 느껴진다. 쓸 시간에 몇 번 읽는 것이 더 효율적일 것 같다. 결국 새로 산 노트는 작년에 쓰다 만 노트 옆자리에 꽂힌다. 매년 그렇게 노트가 쌓여간다.

누구나 학창 시절에 이런 경험을 했을 것이다. 문제는 이런 악순환이 성인이 되어서도 여전히 발생한다는 것이다. 연말연시에 구입한 다이어리와 플래너는 몇 개월 지나지도 않아 먼지가 쌓인 채 책장에 꽂힌다. 왜 우리는 노트 필기를 지속적으로 하지 못하는 것일까? 제대로 된 노트 필기 방법을 모르기 때문이다.

동서양의 공부법을 비교한 KBS 〈공부하는 인간〉에서는 일본인 공부법의 핵심이 노트 필기에 있다고 소개했다.[12] 일본에는 도쿄대 합격생들의 공부 노트를 판매하는 회사가 있을 만큼 일본에서 노트 필기는 학습의 중요한 요소로 자리매김하고 있다. 필자는 일본에서 많은 책이 출간되는 이유가 일본의 '쓰기 문화'로부터 비롯된 것이라고 생각한다.

일본인은 초등학생 때부터 과목별 노트 필기 방법을 배우지만, 한국인에게 노트 필기란 선생님이나 교수님의 말을 그대로 받아 적는 것에 불과하다. '한국인은 기억하고, 일본인은 기록한다'라는 말이 있을 만큼, 필기에 대한 두 국가 간의 생각의 차이는 꽤 크다.

일반적으로 나쁜 노트 필기의 특징은 다음과 같다.

- 베껴쓰기 노트: 스스로 생각하는 힘을 빼앗아가는 노트
- 몽땅필기 노트: 정리하거나 버리는 능력이 저하되는 노트
- 지저분한 노트: 다시 보고 싶은 동기를 감소시키는 노트
- 문자충만 노트: 시각적으로 파악하고 표현하는 힘을 빼앗아가는 노트
- 컬러풀한 노트: 우선순위를 결정할 힘과 판단력이 저하되는 노트

당신이 쓴 노트가 5가지 중 하나에 해당한다면 필기 방법을 바꾸길 추천한다. 이번 장에서는 유용한 노트 필기 방법을 소개한다.

코넬노트법과 5R

세계적으로 가장 유명한 노트 필기 방법으로는 '코넬노트법'이 있다. '코넬노트법'은 1950년대 미국 코넬대의 교육학자 월터 파욱 교수가 학생들의 학습효과 증진과 사고력 개발을 위해 고안했다. 우리가 학창 시절에 쓰던 노트를 자세히 보면, 대부분 좌측에 수직선이 그어져 있다. 그동안 용도를 모르고 날짜를 적거나 그냥 무시한 채 필기 내용을 적었겠지만, 알고 보면 이 수직선이 있는 노트 양식이 바로 코넬노트법의 약식 형태다.

코넬 노트 양식

코넬노트법의 특징은 다음과 같다.

- 제목 영역: 노트 필기를 한 날짜 또는 강의 일자, 강의 제목 또는 주제를 적는다.
- 필기 영역: 공부한 내용이나 강의 내용을 적는다.
- 키워드 영역: 필기 영역의 핵심을 표현하는 목차 또는 키워드를 적는다.
- 요약 영역: 필기 영역의 내용을 문장 형식으로 3~4줄 정도 요약해서 적는다.

코넬노트법은 양식에서 그치지 않고 학습 방법까지 제시한다. 이 학습 방법을 '5R 원칙'이라고 부른다. 5R은 기억의 3가지 과정인 '부호화-저장-인출'의 프로세스에 적합한 필기 방법이다.

- 기록 Record: 필기 영역에 최대한 읽기 쉽게 기입하고 중요하고 의미 있는 사실과 아이디어를 자세히 적는 것.
- 축소 Reduce: 필기 영역의 내용을 몇 개의 핵심 단어로 간결하게 키워드 영역에 적는 것.
- 암기 Recite: 필기 영역을 가리고, 키워드 영역만 보면서 필기 영역의 내용을 떠올려 보거나 말로 표현해 보는 것.
- 숙고 Reflect: 수동적으로 적지 말고 자신의 견해를 충분히 반영해 기록하는 것.
- 복습 Review: 공부한 내용을 잊어버리지 않도록 주기적으로 반복 학습하는 것.

모눈노트법과 황금 3분할

일본의 노트법 전문가 다카하시 마사후미는 컨설턴트 시절 맥킨지, 보스턴

컨설팅그룹 등에서 일하는 세계 유수의 컨설턴트들이 업무에 모눈노트를 활용한다는 점을 발견했다. 또한 도쿄대, 교토대 같은 명문대에 입학한 학생들도 모눈노트를 많이 활용한다는 사례들을 접하고, 모눈노트법에 대한 강의와 컨설팅을 시작했다. 그 경험을 바탕으로 쓴 《모눈노트 공부법》은 일본에서 선풍적인 인기를 끌었다. 모눈노트법의 핵심은 3가지다.

① 필기도구 준비

5밀리미터 모눈노트를 구매한다. A4 크기 이상이 좋다. 너무 작으면 생각을 펼치는 데 제약이 있기 때문이다. 볼펜의 종류는 3가지 이내가 좋다. 너무 많은 색깔을 사용하면 기록의 속도가 느려진다.

② 가로로 쓰기

스마트폰으로 영상을 볼 때 세로보다 가로가 그림을 그릴 때도 종이를 가로로 놓고 작업을 하는 게 익숙하다. 노트 필기 역시 가로로 쓰면 시각적으로 더 많은 내용을 한번에 인지하는 데 도움이 된다.

③ 황금 3분할하기

노트를 3개 영역으로 나눈 뒤 '사실', '해석', '행동'의 순서로 필기한다. 황금 3분할은 '하늘', '비', '우산'의 프레임으로 기억하면 이해하기 쉽다. 즉, 하늘에 먹구름이 낀 것을 보고(사실), 비가 올 것이라고 생각이 들어(해석), 우산을 가지고 외출을 하는 것(행동)이다. 즉, '하늘'은 '현재의 상황', '비'는 '상황에 대한 해석', '우산'은 '해석에 대한 판단 및 실행'을 의미한다.

맥킨지 업무 노트

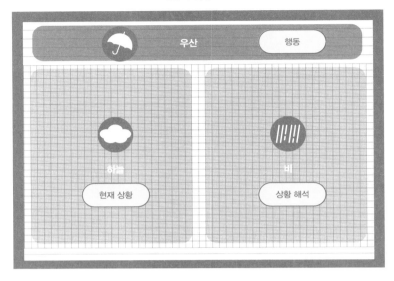

공부에서든 업무에서든 정보를 수동적으로 받아들이는 데서 머물지 않고, 자신의 의견을 정리한 다음 그것을 행동으로 실천해야 문제의 해결책을 찾을 수 있다. 그런 점에서 황금 3분할은 단순하면서도 강력한 프레임이다.

학창 시절 수학시간 때 도형 단원에서 컴퍼스와 함께 사용하던 모눈노트의 장점은 무엇일까?

- 도형, 표, 그래프, 그림을 그리기 쉽다.
- 다양한 크기의 글자를 사용하기 쉽다.
- 행간을 띄우고, 단락을 맞추기 편하다.

즉, 모눈노트법은 '시각화'에 유용하다. 일반 무제노트를 사용할 경우 공간 활용이 어렵게 느껴질 때가 있다. 글자 간격도 잘 안 맞고 그림이나 표를 반듯하게 그리기도 어렵다. 모눈노트법은 이런 어려움을 말끔히 해결해준다. 모눈노트법을 통해 필기가 쉬워지고 노트를 다시 보고 싶어진다면 그것만으로도 성공이다.

생각코딩노트법

공부를 잘하는 사람은 대체로 노트 필기를 잘한다. 그러나 노트 필기를 잘한다고 반드시 공부를 잘하는 것은 아니다. 노트 필기를 한 당사자보다 베껴 적은 노트로 공부한 친구가 더 높은 점수를 얻는 경우도 발생한다. 필자는 코넬노트법 관련 동영상을 보다가 그에 달린 댓글을 읽었다.

"저는 코넬노트법을 3년 넘게 썼는데 왜 성적이 안 오를까요?"

정말 안타까운 사연이었다. 이 학생의 문제점은 무엇일까? 코넬노트법을 사용하면 자연스럽게 성적이 오른다고 기대했던 건 아닐까라고 추측해본다. 그러나 4개의 영역으로 구분된 코넬노트 양식은 보다 능동적으로 생각하고 효과적으로 기억하기 위한 도구로서의 역할을 하는 것일 뿐이다. 코넬노트에 필기를 하더라도 5R 원칙에 따르지 않은 채 공부를 한다면 진정 코넬노트법을 사용한다고 할 수 없고, 개선된 결과가 보장되지도 않는다.

생각코딩노트법은 코넬노트법과 모눈노트법의 장점을 결합해 고안한 노트법이다. 생각코딩노트법은 양식보다 필기 방법을 중요시한다.

규범은 구성원 간의 약속이다.

위의 문장이 칠판에 적혀 있다고 가정하고, 자신만의 방법으로 필기해보자. 대부분 사람은 다음과 같이 적는다.

규범: 구성원 간의 약속

이런 필기는 단순히 내용을 옮겨 적은 것에 불과하다. 규범에 대한 내용이 계속 이어질 때마다 '규범: ○○○'을 반복할 것인가? 생각코딩노트법의 중요한 특징은 문장이나 단락 내용의 '범주'를 만드는 방법을 사용하는 것이다. 문장과 단락의 제목이나 항목을 생각해보는 것이다. 생각코딩노트법의 방식을 사용하면 위의 문장을 다음과 같이 필기할 수 있다.

규범의 정의(의미, 뜻): 구성원 간의 약속

생각코딩노트법은 개념의 범주를 만듦으로써 우리의 인지능력을 향상시킨다. 또한 내용 간의 논리적 관계를 끊임없이 생각하도록 함으로써, 핵심 내용이 저절로 기억이 나도록 만든다. 생각코딩노트법은 코넬노트법의 5R 중 기록, 축소, 숙고를 더욱 효과적으로 할 수 있게 한다. 생각코딩노트법은 다음과 같은 영역으로 구분된다.

- 개요 영역: 날짜, 과목명, 강사명 등 일반적 상황을 적는 영역
- 주제 영역: 제목, 학습목표 등을 적는 영역
- 필기 영역: 키워드 형태로 노트 내용을 적는 영역
- 범주 영역: 목차 및 핵심 키워드를 적는 영역

- 요약 영역: 필기 영역의 내용을 문장 형태로 요약하는 영역

- 의견 영역: 자신의 생각이나 의문을 적는 영역

- 점검 영역: 몇 번을 반복해서 학습했는지 표시하는 영역

생각코딩 노트 양식

개요 영역	주제 영역	점검 영역
범주 영역	필기 영역	
의견 영역	요약 영역	

노트 필기는 효과적인 '노트 양식'에 능동적인 '필기 방법'이 더해져야 비로소 완성된다. 노트 필기는 더욱 잘 기억하고, 생각하기 위해 활용하는 도구다. 이때 주의할 점은 코넬노트법, 모눈노트법, 생각코딩노트법을 노트 필기의 절대 원칙이라고 생각해서는 안 된다는 것이다. 다양한 노트 방법들을 참고해 나만의 노트 양식과 필기 방법을 만들어보자.

5장

나만의 교과서를 만들면 지식이 내 것이 된다

공부 달인의 필살기

필자는 어떤 일을 준비할 때 항상 그 분야에서 성공한 사람들의 후기를 읽는다. 시행착오를 줄이고 나도 할 수 있다는 자신감을 얻기 위해서다. 필자는 학습 분야에서 성취를 이룩한 사람들의 후기를 읽으면서 다른 분야에는 없는 그들만의 공통분모를 발견했다. 그것은 바로 '요약정리'와 '단권화'다. 특히 고시 합격생 후기에서 이 2가지 중 하나는 꼭 빠지지 않았다.

'요약정리'는 말 그대로 내용의 핵심을 뽑아내어 자신만의 언어로 알아보기 쉽게 정리하는 것이다. 요약정리를 하면 공부할 분량과 시간을 10분의 1 이하로 줄일 수 있기 때문에 짧은 시간 동안 반복해서 공부할 수 있다는 장점이 있다.

'단권화'는 학습 자료를 자신이 원하는 한 권의 책에 통합하는 작업이다. 여러 가지 책을 공부하다보면 어떤 내용은 중복되고 어떤 내용은 하나의 책에만 수록되어 있다. 그러나 공부할 때마다 같은 내용을 여러 권 펼쳐 보는 것은 비효율적이다. 따라서 다양한 책의 내용을 하나의 책에 옮겨 적어서 그 책만 반복해서 읽으면 된다. 단권화를 하면 요약정리 능력이 자연스럽게 향상된다. 다른 책에 있는 내용을 옮겨 적는 과정에서 핵심 위주로 파악되기 때문이다.

'요약정리'와 '단권화'는 시험을 준비하는 경우에 꼭 필요한 작업이다. 특히 공무원, 회계사, 변리사 시험 등 난이도가 높은 시험의 결과는 많은 내용을 빠르게 떠올릴 수 있느냐 없느냐에 달렸다. 따라서 요약정리와 단권화는 공부달인의 '필살기'라고 할 수 있다.

공부법을 바꾼 기술발전

하지만 예전보다 '요약정리'와 '단권화'를 하는 사람들을 보기 어려워졌다. 그 이유는 무엇일까? IT기술이 지금과 같이 발전하지 않았던 과거에는 교수자는 수업 내용을 칠판에 적으면서 학생들을 지도했다. 학생들도 수업시간 발표를 위해 전지와 매직을 활용하곤 했다. 그러나 기술의 발전이 교육과 학습의 도구를 변화시켰다.

교수자는 수업 전에 파워포인트 같은 시청각 자료를 준비하고, 수업 내용을 정리한 종이 자료를 배부함으로써 수업의 효율성을 높였다. 그러다보니 문제가 발생했다. 학습자들이 직접 요약정리나 단권화를 하지 않게 된 것이다. 게다가 인터넷에서 검색하면 각 분야의 전문가가 요약한 자료집을 쉽게 구할 수 있다. 전문가들의 요약정리가 워낙 훌륭해서 그만큼 요약정리를 잘할 자신이 없으니 애초부터 포기하고 만다. 이런 현상은 학습자가 스스로 생각을 하지 않는 수동적 공부에 익숙해지게 만들었다.

요약정리와 단권화의 핵심은 '핵심 파악'과 '재구성'이다. 단순히 공부 시간을 줄이는 것이 다가 아니다. 자신만의 용어로 요약정리를 하고 다른 책에 있는 내용을 옮기려면 내용의 핵심을 정확히 파악하는 것이 기반이 되어야 한다. 그리고 자신만의 용어로 표현하는 과정에서 자연스럽게 '부호화'가 이루어지기 때문에 머릿속에 효과적으로 저장되고, 오랜 시간이 지나서도 내용을 쉽게 떠올릴 수 있다.

요약정리와 단권화는 시간이 오래 걸리더라도 자신이 직접 해야 한다. 다른 사람의 요약정리나 단권화를 쓰는 것은 처음에는 효율적으로 보여도 장기적으로 학습 효과를 반감시킨다.

나만의 교과서 만들기 1탄: 단권화

능동적 공부를 위한 나만의 교과서를 만드는 방법으로 먼저 단권화 방법을 알아보자. 대부분의 학습은 책을 통해 이루어진다. 만약 학습할 책이 하나밖에 없다면 단권화 작업은 건너뛰고 요약정리로 넘어가면 된다.

1단계: 기본 도서 선택

표준이 될 만한 한 권의 책을 선택한다. 많은 사람에게 호평을 받은, 내용이 풍부한 책일수록 좋다. 특히 논리적 구조가 명확하면 단권화 작업도 쉬워진다. 본인의 마음에 들어야 하는 것은 기본이다.

2단계: 기본 도서 학습

기본 도서를 학습할 때는 능동적으로 읽을 필요가 있다. 주요 부분에 밑줄 같은 표시를 하는 것도 좋다. 대신 처음 읽을 때는 너무 많은 표시를 하지 말고, 하더라도 연필이나 샤프를 사용하는 것이 좋다. 그래야 나중에 핵심이 아닌 부분의 표시를 지울 수 있다. 기본 도서를 여러 번 반복해서 읽음으로써 학습 내용에 대한 전체상을 파악한다.

3단계: 보조 자료 학습

보조 자료를 공부할 때는 정독하기보다 기본 도서에 없는 내용을 찾겠다는 마음으로 읽는다. 또한 기본 도서 내용과 다르게 서술된 부분이 있다면 꼭 진위 여부를 해결하고 넘어가야 한다.

4단계: 단권화 작업

이제 기본 도서에 보완하거나 수정하고 싶은 내용을 추가한다. 여백에 적거나 포스트잇을 활용할 수도 있다. 기본 도서를 링 형태로 제본하여 자료를 추가하는 것도 좋다. 또한 보조 자료와 기본 도서의 크기가 다르면 보조 자료 내용을 기본 도서의 크기에 맞춰 복사한다. 기본 도서에서 충분히 유추할 수 있는 내용이라면 과감히 버리는 것이 좋다.

5단계: 반복 학습

이제 단권화된 자료를 반복해서 학습한다. 이때, 내가 만든 단권화에 대한 자신감과 확신이 있어야 한다. 그래야 몰입해서 공부할 수 있다. 부족한 부분은 계속 보완해나간다.

나만의 교과서 만들기 2탄: 요약정리

요약정리를 하려면 내용에 대한 이해가 필수적이다. 오랜 시간을 들였음에도 요약정리가 마음에 들지 않는 이유는 대부분 핵심 파악이 제대로 이루어지지 않았기 때문이다. 요약정리를 용이하게 수정·편집하려면 디지털 기기를 활용하는 것이 좋다. 특히 디지털 마인드맵 프로그램을 사용하면 전체 내용을 파악하는 데 효과적이다.

1단계: 자료 선택

기본 자료는 단권화된 기본 도서와 노트 필기다. 단권화 작업을 했다면 이미 공부한 내용에 대한 전체적인 이해가 되어 있을 것이다. 또한 앞 장에서 필자가 제시한 노트 필기 방법을 사용했다면 필기노트도 요약정리에 활용하는 데 큰 도움이 된다. 요약정리를 할 때 모든 내용이 아니라 필요에 따라 핵심 주제 위주로 하는 것도 시간을 절약하는 효율적인 방법이다.

2단계: 목차 기록

공부하는 데 사용한 기본 도서의 목차를 종이나 컴퓨터 파일에 기록해둔다. 전체 목차를 A4 용지 1장 안에 기록해두면 필요할 때마다 읽으면서 전체상을 파악하기에 용이하다. 기본 도서의 목차를 변형한 자신만의 목차를 만들어두면 더 오랫동안 기억에 남을 것이다.

3단계: 내용 기록

기본 도서와 노트 필기 자료를 참고해 핵심 내용을 적는다. 이때 중요한 점은 문장이 아닌 명사나 명사구 형태의 키워드형으로 요약하는 것이다. 또한 단어를 나열하기보다 내용 간의 논리적 관계를 생각하면서 적는다. 상위 항목과 하위 항목이 누락되었는지 점검하고 빠진 내용을 추가한다. 필요에 따라 인터넷이나 다른 곳에서 발견한 관련 내용을 추가한다. 자료를 추가하는 과정에서 관련 내용에 대한 배경지식이 쌓이다보면 내용에 대한 이해도 깊어진다.

4단계: 요약정리 학습

이제 자신만의 요약정리본을 만드는 법을 배우는 단계다. 요약정리를 하는 과정도 학습에 도움이 되지만, 요약정리한 내용을 오랫동안 기억에 저장하는 것이 학습의 궁극적인 목적이다. 따라서 다양한 방법을 통해 학습 내용이 장기기억으로 전환되도록 노력해야 한다.

① 내용 떠올리기

머릿속에 가상의 스크린을 상상한 다음 공부한 내용을 떠올려보자. 만약 머릿속 스크린이 백지처럼 하얗다면 아직 그 내용을 제대로 모르는 것이다. 내용 떠올리기를 지속적으로 반복하다보면 학습한 내용이 점점 더 많이 떠오르는 신기한 경험을 할 것이다.

② 말하기와 글쓰기

요약정리한 내용을 말로 하거나 글로 써본다. 특히 논술형 시험을 준비한다면 꼭 글로 써봐야 한다. 말하기와 글쓰기가 잘 안 되는 것은 내용의 논리적 흐름이 매끄럽지 않아서인 경우가 많다. 그때는 요약정리본을 다시 살펴보면서 보완해야 한다.

5단계: 반복 학습

요약정리한 내용을 반복해서 읽는다. 컴퓨터로 했다면 종이로 출력한다. 디지털 기기로 읽는 것보다 종이로 출력해서 읽을 때 가독성이 높기 때문이다. 따라서 꼭 출력한 다음 자투리 시간을 활용해 반복 학습을 한다.

나만의 교과서 사례

필자는 대학교 시절 나만의 교과서 만들기 작업에 몰두했다. 엄청나게 학습량이 많은 법학을 전공했기에 '요약정리'와 '단권화'는 필수였다. 중간에 포기하고 싶었지만 경제적 형편상 반드시 장학금을 받아야한다는 분명한 목표가 있었기 때문에 견딜 수 있었다. 이런 경험을 바탕으로 많은 학생에게 나만의 교과서 만들기 비법을 전수했고, 그 학생들 역시 다양한 분야에서 원하는 성과를 달성했다. 다음은 필자가 가르친 한 학생의 사례다.

2014년, 이 학생은 중학교 2학년 역사 교과서 50쪽 분량을 자신만의 논리적 구조도로 만들어 공부함으로써 좋은 성적을 거두었을 뿐만 아니라 시험이 끝난 뒤에도 내용을 잊어버리지 않고 자신의 말로 설명할 수 있어서 신기한 경험이었다고 말했다.

나만의 교과서 만들기는 자신만의 논리에 따라 학습 내용을 재구성하는 과정이다. 또한 떠올리기, 말하기, 글쓰기, 반복하기 같은 인지심리학에서 말하는 '시연'과 '인출' 과정은 우리의 메타인지를 자연스럽게 향상시킨다. 나만의 교과서 만들기는 공부의 핵심인 '재구성'과 '표현'의 인지능력을 극대화시키는 방법이다.

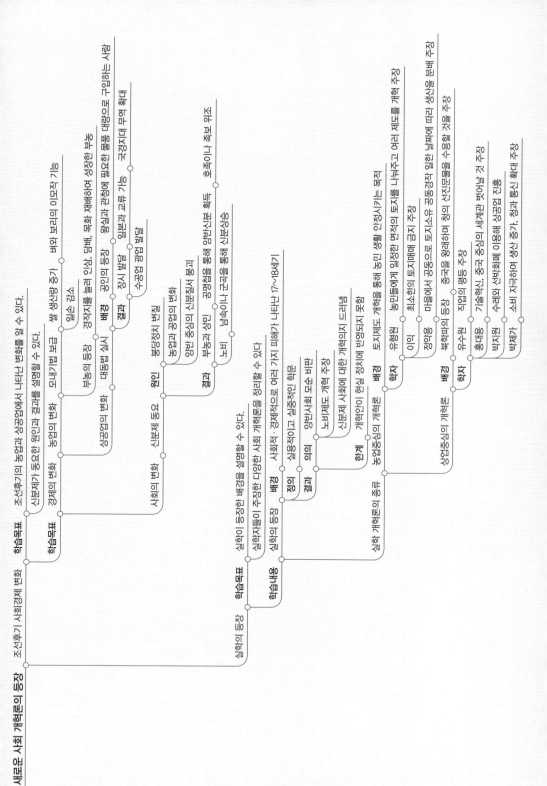

새로운 사회 개혁론의 등장

조선후기 사회경제 변화

- **학습목표**: 조선후기가 농업과 상공업에서 나타난 변화를 알 수 있다.
  - **학습목표**: 신분제가 동요한 원인과 결과를 설명할 수 있다.

- **학습목표**: 경제의 변화
  - 농업의 변화
    - 모내기법 보급 → 쌀 생산량 증가 / 벼와 보리의 이모작 기능
      - 일손 감소
    - 부농의 등장 → 경작지를 늘려 인삼, 담배, 목화 재배하여 성장한 부농
    - 대동법 실시
  - 상공업의 변화
    - 공인의 등장 → 배경: 왕실과 관청에 필요한 물품 대량으로 구입하는 사람
      - 결과: 국경지대 무역 확대
    - 장시 발달 → 일본과 교류 기능
    - 수공업 광업 발달 → 수공업 광업 발달

- 사회의 변화
  - 신분제 동요
    - **원인**: 붕당정치 변질 / 농업과 공업의 변화 / 양반 중심의 신분질서 붕괴
    - **결과**: 부농과 상인 → 공명첩을 통해 양반신분 획득 / 호족이나 족보 위조
      - 노비 → 납속이나 군공을 통해 신분상승

실학의 등장

- **학습목표**: 실학이 등장한 배경을 설명할 수 있다.
- **학습목표**: 실학자들이 주장한 다양한 사회 개혁론을 정리할 수 있다.

- **학습내용**
  - 실학의 등장
    - **배경**: 사회적·경제적으로 여러 가지 피해가 나타난 17~18세기
    - **정의**: 실용적이고 실증적인 학문
    - **결과**: 양반사회 모순 비판
    - **의의**: 노비제도 개혁 주장 / 신분제 사회에 대한 개혁의지 드러냄
      - **한계**: 개혁안이 현실 정치에 반영되지 못함
  - 실학 개혁론의 종류
    - 농업중심의 개혁론
      - **배경**: 토지제도 개혁을 통해 농민 생활 안정시키는 목적
        - **학자**:
          - 유형원 → 농민들에게 일정한 면적의 토지를 나누고 여러 제도를 개혁 주장
          - 이익 → 최소한의 토지매매 금지 주장
          - 정약용 → 마을에서 공동으로 토지소유 공동경작 일한 날짜에 따라 생산물 분배 주장
    - 상업중심의 개혁론
      - **배경**: 북학파의 등장 → 중국을 왕래하며 청의 선진문물을 수용할 것을 주장
        - **학자**:
          - 유수원 → 직업의 평등 주장
          - 홍대용 → 기술혁신, 중국 중심의 세계관 벗어날 것 주장
          - 박지원 → 수레와 선박화폐 이용해 상공업 진흥
          - 박제가 → 소비 자극하여 생산 증가, 청과 통신 확대 주장

5부

독서코딩:
기억이 저절로
되게 하는 독서법

1장

책을 읽었다는 만족감에서 그치지 말라

디지털 시대에 느리게 읽기가 필요한 이유

1980년대에 PC의 대중화, 1990년대에 휴대전화와 인터넷의 확산은 디지털 원주민digital natives의 등장을 낳았다. 디지털 원주민은 미국의 교육학자 마크 프렌스키가 2001년 그의 논문[1]에서 처음 사용한 용어로서, 특정 언어의 원어민이 자유자재로 그 나라 말을 구사하듯 디지털 언어와 장비를 능수능란하게 다루는 사람을 일컫는다. 이와 반대되는 개념인 디지털 이민자digital immigrants는 디지털 환경에 적응하는 데 어려움을 겪는 기성세대를 가리킨다. 디지털 원주민은 일반적으로 1990년대 중반에서 2000년대 중반 사이에 태어난 세대로, 밀레니얼 세대(Y세대)의 뒤를 잇는다는 의미에서 'Z세대'라고 부르기도 한다.

　디지털 원주민의 가장 큰 특징은 이전 세대와 달리 어린 시절부터 디지털 환경에 노출되어 자랐다는 점이다. 그들은 글을 제대로 배우기 전부터 스마트폰을 놀이 도구로 삼았다. 또 유튜브에서 장난감 만들기나 애니메이션 같은 콘텐츠를 시청하고 모바일 학습 게임을 하면서 자랐다. 그뿐만 아니라 소셜미디어를 통해 지인들과 관심사를 공유하고 사진 및 영상 콘텐츠를 만드는 등 이들의 일상생활 속에는 디지털 도구와 매체가 자연스럽게 녹아 있다.

문제는 디지털 원주민들의 생활 방식뿐 아니라 읽기 방식도 이전 세대와는 확연히 달라졌다는 것에서 비롯된다. 《느리게 읽기》의 저자인 휴스턴대학교 영문학과 데이비드 미킥스 교수는 디지털 원주민이 한 시간에 평균 27번 디지털 기기를 옮겨 다니는 것을 관찰했다. 반면 성인이 된 이후에 처음 모바일 기기를 사용하기 시작한 디지털 이주민은 한 시간에 평균 17번 정도만 디지털 기기를 옮겼다. 디지털 원주민이 디지털 이주민에 비해 약 60% 정도 더 여러 가지 일을 동시에 수행한다는 것이다.[2]

디지털 원주민이 많은 일을 한꺼번에 처리한다고 해서 좋아할 일만은 아니다. 왜냐하면 우리 뇌는 태어날 때부터 멀티태스킹을 할 수 없도록 설계되어 있기 때문이다. 어느 하나에 집중하지 못하고 계속 주의를 옮김으로써 실제로는 두뇌의 효율을 떨어뜨리고 있는 셈이다.

미킥스 교수는 디지털 기기 사용에 익숙한 사람들의 읽기 패턴을 조사한 결과, 소셜미디어와 모바일 콘텐츠를 'F패턴'으로 읽는다는 사실을 발견했다. F패턴 읽기란 '글의 첫 줄 또는 첫 몇 줄은 다 읽다가 밑으로 내려가면서 나머지 줄은 앞부분만 훑으며 읽는 방식'을 의미한다. 글의 앞쪽만 읽고 대부분의 내용은 실제로 읽지 않은 채 끝내버린다는 것이다. 이것은 비단 미킥스 교수의 실험에만 해당되는 이야기가 아니다. 우리가 인터넷 기사를 어떻게 읽는지 돌아보자. 많은 사람이 기사를 읽을 때 우선 흥미를 끄는 제목의 기사를 클릭한 뒤, 기사 내용은 대충 훑어보고 오히려 댓글창을 더 자세히 살펴본다. 아무리 좋은 내용을 담았어도 글자만 빼곡한 콘텐츠는 사람들의 외면을 받기 일쑤다.

이런 읽기 방식은 우리의 비판적 사고력critical thinking을 점점 떨어뜨린다. 비판적 사고력은 특별한 게 아니다. 우리가 어떠한 생각을 받아들이는 사고 과정, 그리고 그 생각에 기초해 선택하고 행동하는 사고 과정을 다시한 번 생각해보는 것이다. F패턴으로 글을 읽는 사람들은 콘텐츠 작성자가 글 앞단에 독자가 원하는 정보와 입맛에 맞는 통계자료를 배치했을 때 깊은 생각 없이 글에 담긴 메시지가 사실이라고 받아들이게 된다. 정보를 수동적으로 받아들이거나 글쓴이의 의도를 잘못 해석할 여지가 있다. 정보가 범람하자 예전보다 생각을 덜하는 부작용이 따랐다.

미킥스 교수는 이런 문제점을 해소하기 위한 방법으로 14가지 느리게 읽기 규칙을 소개한다.

① 인내심을 가져라

② 핵심적인 질문을 던져라

③ 목소리를 파악하라

④ 문체를 감지하라

⑤ 처음과 끝에 주목하라

⑥ 이정표를 찾아라

⑦ 사전을 적극 활용하라

⑧ 핵심 단어를 추적하라

⑨ 작가의 기본 사상을 발견하라

⑩ 의심의 기술을 길러라

⑪ 작품을 분해하라

⑫ 메모하는 습관을 길러라

⑬ 다른 길을 탐험하라

⑭ 또 다른 책을 찾아라

14가지 규칙은 단순히 책을 읽는 속도를 늦추라는 의미가 아니다. '꼼꼼하게 깊게 읽기close & deep reading'를 하라는 것이다. 이런 훈련은 단편적인 글이 아니라 최소 한 권의 책을 읽을 때라야 가능하다. 한 권의 책에는 작가의 저술 의도와 목적, 그리고 주장을 뒷받침하는 논리적 근거가 명시되어 있어 책을 통해 비판적 사고력을 키울 수 있다. 전문 편집자의 철저한 검증을 거친 책의 내용은 인터넷상의 단편적인 글에 비해 신뢰성이 높을 가능성이 크다. 사고력을 계발하고 싶다면 한 권 독서를 해야 한다.

독서법의 정석은 존재하지 않는다

많은 사람이 매일 많은 정보를 글로 읽지만, 글을 읽는 방법에 대해 배워본 사람은 그리 많지 않다. 그저 열심히 읽을 뿐이다. 그래도 조금이나마 독서법에 관심을 가진 사람 역시 독서법이라고 하면 '속독'과 '정독' 2개로 구분하는 경우가 대부분이다. 그러나 독서법을 이분법적으로 나누는 건 바람직하지 않다.

필자는 20대 초반 책에 실린 내용을 좀 더 효율적으로 습득하는 능력만 갖춘다면 학습 능력이 향상될 뿐 아니라 어떤 일이든 척척 해결할 수 있을 거라 막연하게 생각했다. 그때부터 독서법에 관한 책을 닥치는 대로 읽었다. 그전에는 학업을 위한 책만 읽다가 책을 읽는 방법을 배우고 싶어서 책을 읽게 된 것이다.

처음에는 독서에 일가견이 있는 저자들의 노하우에 감탄해서 신이 났다. 그러나 어느 순간부터 머릿속은 복잡해졌다. 독서 전문가들의 생각이 서로 정반대인 경우가 발생했기 때문이다. 어떤 이는 빠르게 책을 읽는 방법이 필요하다고, 누구는 책에 밑줄을 치며 여백에 자신의 생각을 적어야 한다고, 또 다른 이는 책 내용을 필사하며 읽어야 한다고 했다. 다독이 먼저라고 하는 사람이 있는가 하면, 한 권을 읽더라도 고전을 읽어야 한다고 주장하는 사람도 있었다.

결국 어떤 방법에도 확신을 갖지 못하는 지경에 이르렀다. 절대적인 독서법이 존재한다는 전제부터가 틀렸던 탓이다. 독서법의 정석은 없다. 책의 종류와 독서의 목적, 독자의 상황은 각기 다르기 때문이다. 모든 책을 동일한 속도와 정확도로 읽는다는 것 자체가 미련한 일이다. 따라서 독서법에 대한 책을 읽기 전에 먼저 독서법의 종류에 대해 알아보아야 한다.

① 속도에 따라

정독精讀: 글의 뜻을 새기면서 자세히 읽는 것

속독速讀: 책이나 글을 빨리 읽는 것

② 범위에 따라

통독通讀: 책을 중간에 건너뛰지 않고 처음부터 끝까지 훑어 읽는 것

발췌독拔萃讀: 책이나 글에서 필요한 부분만을 뽑아 읽는 것

③ 발성에 따라

묵독默讀: 글을 소리 내지 않고 속으로 읽는 것

음독音讀: 묵독과 반대로 글을 소리 내어 읽는 것

④ 도서 선정에 따라

남독濫讀: 순서나 체계, 내용에 관계없이 아무 글이나 마구 읽는 것

편독偏讀: 한 방면의 치우쳐서 책을 읽는 것

주의할 점은 이 분류를 한 권의 책에 단순하게 적용해서는 안 된다는 것이다. 책 한 권을 읽을 때도 장별로 읽는 방법이 다를 수 있다. 정보의 핵심을 빠르게 파악하는 속독 및 발췌독을 하다가도 깊이 있는 이해가 필요한 부분에서는 정독 및 통독을 해야 한다.

다시 한 번 말하지만 독서법의 정석은 없다. 그러나 이것만은 기억하자. 우리의 읽기 방식이 스스로를 생각하게 만드느냐는 것이다. 책을 읽었다는 사실 자체에 만족하지 말자. 우리를 성장시키는 읽기 방법이라면 그것으로 충분히 가치가 있다.

2장

왜 책을 읽어도 기억이 안 날까

책을 읽지 않는 사람들

요즘에는 지하철에서 책 읽는 사람을 보기 어렵다. 2000년대까지만 해도 지하철에서 자리에 앉자마자 가방에서 책이나 신문을 꺼내 읽는 사람을 어렵지 않게 볼 수 있었다. 독서에 빠진 나머지 도착역에서 허겁지겁 짐을 싸서 가까스로 내리는 사람도 종종 볼 수 있었다. 이제 이런 광경은 과거의 것이 되어버린 듯하다. 지하철 한 칸에서 책 읽는 사람도 없거니와 지하철 출입구 앞에서 무료로 배포하는 일간지도 언젠가부터 종적을 감추었다.

　이러한 변화에 결정적으로 방아쇠를 당긴 사건은 스마트폰의 등장이다. 음악 감상, 동영상 시청, 게임, 소셜미디어 등 스마트폰으로 할 수 있는 일은 무궁무진하다. 예전에는 개별적으로 했던 것을 스마트폰 하나만 있으면 우리가 원할 때 실시간으로 할 수 있게 되었다. 시간을 때우기 위해 책을 읽는 시대가 아니다. 책은 우리를 유혹하는 수많은 매체와 경쟁하고 있다. 따라서 독서 방법도 시대에 맞게 달라져야 한다.

독서는 공부가 아니다

책을 읽지 않는 이유 중 가장 흔한 것이 '시간이 없어서'다. 정말 책 읽을 시간이 없는 것일까? 우리는 매일 몇 십 번, 많게는 몇 백 번 소셜미디어에 접속해 사람들과 소통한다. 스마트폰으로 일기예보를 확인하고 출퇴근길에 다양한 주제의 인터넷 신문기사를 읽는다. 이런 활동을 시간이 없어서 못한다고 말하는 사람은 없다. 우리는 독서를 생활의 일부로 여기지 않고 특별한 이유가 있어야 하는 '공부'의 일종이라고 생각하는 것은 아닐까? 그렇다면 이제 독서에 대한 의식을 바꿀 때다.

필자는 초등학생 시절 도서대여점을 운영하는 부모님의 영향으로 책을 많이 읽었고 친구들보다 책장 넘기는 소리를 많이 들으며 자랐다. 게다가 외동이었고 집에 컴퓨터도 없었기 때문에 혼자 할 일이라곤 동화책이나 위인전을 읽는 것밖에 없었다. 초등학생이었던 필자에게 독서는 하나의 놀이였던 것이다.

중학교에 입학한 뒤에는 학교 공부에 대한 부담감을 느끼기 시작하면서 자연스럽게 책과 이별을 고했다. 좋은 성적은 곧 시험공부 시간에 비례했기 때문이다. 책은 방학숙제나 독후감 수행평가 때 읽는 것이 전부였다. 독서는 시험공부 이외에 하는 부가적인 공부 또는 사치로 전락했다. 이 책을 읽는 독자들도 필자와 비슷한 학창 시절을 보냈을 것이다. 이런 식으로 독서는 입시나 시험을 위한 공부, 마음먹고 시간을 들여야 하는 일이라고 인식되었다.

'방금 읽은 내용이 기억이 안 나요'라는 자책도 독서를 공부로 생각하기 때문에 나타나는 반응이다. 좋아하는 노래의 가사를 한 번만 듣고 다 기억할 수 있는가? 극장에서 감동적인 영화를 보고 눈물을 흘리며 나온 다음에 주인공의 이름도 기억나지 않는 경우가 많다. 이처럼 일상에서 기억의 용량은 제한적인데, 우리는 유독 독서에 대해서는 엄격한 기준을 들이댄다.

이제 독서에 대한 의식을 바꿀 때다. 독서는 우리가 매일 하는 수많은 활동처럼 그저 일상의 일부다. 인지적 즐거움을 위해 우리가 선택한 여러 활동 중 하나일 뿐이다. '공부로서의 독서에서 벗어나는 것'이 독서가가 되기 위한 첫걸음이다.

밑줄 긋기를 중단하라

'공부로서의 독서'를 '생활로서의 독서'로 전환하기 위해 가장 먼저 할 일은 바로 '밑줄 긋기'를 멈추는 것이다. 밑줄을 가장 많이 그은 적이 언제인가? 바로 학창 시절 수업시간일 것이다. 선생님이 중요하게 언급하는 부분에 밑줄을 긋고 별표를 친다. 혼자 공부할 때도 형형색색의 필기도구를 동원해 밑줄을 긋는다. 심지어 자로 반듯하게 밑줄을 그은 뒤 스스로 만족해하기도 한다.

우리가 공부를 할 때 밑줄을 긋는 이유는 무엇일까?

- 중요한 내용이라고 생각해서

- 다음에 읽을 때 쉽게 찾기 위해

- 오래 기억하기 위해

이 외에도 다른 이유가 있겠지만 밑줄 긋는 공부에는 전제가 있다. 바로 '반복'이다. 시간을 두고 읽어야 할 만큼 공부할 양이 많기 때문에, 중요한 부분에 밑줄을 그어서 여러 번 자세히 반복함으로써 그 내용을 기억하려는 것이다. 밑줄 긋기는 공부에서는 필수라고 할 만큼 중요하지만 독서에서는 그 위상이 달라진다. 독서할 때는 밑줄을 아예 긋지 않는 것이 더 좋을 수 있다. 이유는 다음과 같다.

밑줄 긋기는 독서의 속도를 현저히 떨어뜨린다. 우리 눈은 한번에 많은 내용을 인식하는 능력을 가지고 있다. 그러나 펜으로 밑줄을 긋는 순간 시야가 급격히 좁아지고 우리의 인지속도는 떨어진다.

또한 밑줄 긋기는 책 내용을 모두 기억해야 된다는 압박감을 갖게 한다. 우리는 시험공부를 할 때 교과서의 어느 부분에서 문제가 나올지 모르니 모든 내용을 읽고 기억하려고 한다. 이런 습관이 그대로 남아 책을 재미로 읽는 '생활로서의 독서'를 방해한다. 독서는 시험이 아니다. 책의 내용을 완벽히 이해하고 기억해야 된다는 의무감에서 해방되자.

마지막으로 밑줄 긋기는 우리의 기억을 방해할 수 있다. 밑줄을 그으면서 '다음에 쉽게 찾아 읽을 수 있다'는 안도감이 들면 당장의 독서에 집중하지 못하는 경우가 많다. 다음에 읽을 기회가 있더라도 처음 읽을 때 최대한 핵심을 정확히 파악하는 습관을 갖는 게 최선이다.

물론 밑줄 긋는 것이 필요할 때도 있다. 밑줄 긋는 행위 자체가 무조건 잘못되었다는 말을 하는 것이 아니다. 통계나 인용자료로 사용하고 싶을 때, 작가의 수려한 문장을 오랫동안 기억하고 싶을 때는 밑줄을 그으며 마음에 새기는 것이 도움이 된다. 필자가 제안하는 '밑줄 긋기 금지'는 '공부로서의 독서'를 교정하기 위한 초기 지침일 뿐이다. 꾸준하고 즐거운 '생활로서의 독서' 습관이 체화되었다면 그 다음부터는 독자의 상황에 따라 자유롭게 밑줄을 그어도 된다.

독서의 목적을 분명히 해라

정독, 숙독, 속독 등 많은 독서법이 있지만 모든 독서법에서 준비 단계로서 반드시 언급하는 지침이 있다. 바로 '독서의 목적 설정하기'다. 인간이 어떤 행동을 할 때는 의식적이든 무의식적이든 목적이 있다. 단지 목적의식에 정도의 차이가 있을 뿐이다. 16세기 영국의 철학자 프랜시스 베이컨은 이렇게 말했다.

> 어떤 책들은 맛만 보기 위한 것이고, 또 어떤 책들은 삼키기 위한 것이고, 극소수의 책들만이 꼭꼭 씹어 소화시키기 위한 것이다. 즉 어떤 책들은 부분적으로만 읽을 필요가 있고, 다른 책들은 읽긴 하지만 흥미롭지 못하며, 극소수의 책들만 전체를 다 읽을 필요가 있어 최선을 다해 정신을 집중하고 읽어야 한다.[3]

많은 사람이 독서라는 여행을 떠날 때 목적지를 분명하게 정하지 않는다. 당신은 지금 읽는 이 책을 통해 어떤 목적을 이루고 싶은가? 1분만 곰곰이 생각해보자. 생각정리를 잘하고 싶어서일 수도 있고, 독서를 효과적으로 하고 싶어서일 수도 있다. 아니면 남은 시간에 잠시 휴식을 취하기 위해서일 수도 있다. 어떤 목적이든 괜찮다. 독서의 목적을 분명히 하는 것 자체만으로도 집중력, 이해력, 기억력을 높이는 데 결정적인 도움이 된다.

'목적 분명히 하기'의 효과는 심리학계의 연구로 증명된 바 있다. 미국의 스탠퍼드대학교 사회심리학 연구진은 시험 성적이 비슷한 통계학과 학생 50명을 선발한 다음, 이들을 두 그룹으로 나눠서 실험을 했다. 한 그룹에게만 다음과 같은 설문조사를 진행했다.

- 앞두고 있는 시험이 어떤 시험인지
- 시험에서 어느 정도의 성적을 원하는지
- 그 성적을 받는 것이 얼마나 중요한 일이라 생각하는지
- 시험에서는 어떤 문제가 출제될 것 같은지
- 필기노트, 교과서 등 어떤 자료를 중심으로 공부를 할 것인지
- 그리고 왜 그 자료가 유용한지, 어떻게 공부할 것인지

시험이 끝나고 성적을 집계한 결과, 설문조사를 진행한 그룹에서 놀라운 변화가 나타났다. 설문조사를 하지 않은 그룹에 비해 A 이상의 학점을 받은 학생의 비율이 훨씬 높았던 것이다. 이 연구를 주도한 퍼트리샤 첸 교수의 설명이다.

대부분의 학생들은 별 생각 없이 공부에 돌입한다. 공부라는 과정에서 습득할 수많은 지식을 언제, 어디서, 어떻게 사용할지에 대한 고민이 없다. 하지만

이 설문조사를 시행한 학생들은 짧은 시간이나마 공부하는 '목적'에 대해 생각하였고, 이런 작업이 공부의 효율성을 높이게 됐다.[4]

이처럼 뚜렷한 목적의식은 인간의 메타인지를 향상시킴으로써 어떤 일에서 탁월한 성과를 내게끔 돕는다. 이제 책을 본격적으로 읽기 전에 책의 표지, 서문, 목차만 본 다음 질문을 던져보자.

- 저자가 이 책을 쓴 의도는 무엇일까?
- 저자가 이 책을 통해 이루고 싶은 목적은 무엇일까?
- 내가 이 책을 통해 이루고 싶은 목적은 무엇인가?
- 나에게 이 책은 얼마나 중요한가?
- 이 책의 핵심 키워드는 무엇인가?
- 이 책에 내가 알지 못하는 새로운 내용이 얼마나 있을까?
- 이 책에 내가 알고 있는 것과 다른 내용은 얼마나 있을까?

이와 같은 질문에 답하는 데는 1분도 채 걸리지 않겠지만, 당신의 독서 효과는 바로 급상승할 것이다. 책을 읽는 속도가 빨라질 뿐만 아니라 보다 능동적으로 생각하고 읽은 내용이 기억나는 체험을 할 것이다. 책을 읽기 전에 목적에 대해 생각한 뒤 종이에 써보는 습관을 갖도록 노력하자.

3장

누구나 속독을 할 수 있다

침팬지보다 못한 사람들

〈EBS 다큐프라임: 기억력의 비밀〉에서는 인간과 침팬지의 기억 능력을 비교한다. 인간과 침팬지는 유전자가 99% 정도 일치할 만큼 유사한 점이 많다. EBS 제작팀은 침팬지 연구 분야의 세계적 권위자인 마츠자와 테츠로 박사가 있는 일본 교토대학 영장류연구소를 찾아갔다. 연구소에서는 침팬지의 기억 수준을 알 수 있는 흥미로운 실험들을 진행하고 있었다. 그중 하나인 '숫자 기억 테스트'는 커다란 모니터에 0부터 9까지의 숫자가 무작위로 나왔을 때, 작은 숫자부터 큰 숫자순으로 차례대로 터치를 해야 정답으로 인정받는 테스트다. 놀랍게도 침팬지들은 10개의 숫자 위치를 낮은 숫자에서 높은 숫자로 순서대로 기억했다.[5]

EBS 제작팀은 10명의 직원들에게 침팬지가 했던 '숫자 기억 테스트'를 진행했다. 제작팀 직원들은 처음에는 여유로운 표정으로 실험에 임했지만 숫자를 보여주는 시간이 짧아질수록 당황하기 시작했다. 실험 결과, 직원들에게 0.65초 간격으로 숫자를 보여줬을 때는 80%의 정확도를 자랑했지만, 0.21초 간격일 때 40% 이하의 정확도를 보였다. 침팬지는 어떤 간격에도 정확도에 변화가 없었던 반면 사람의 경우에는 시간 조건을 달리할 때 정확도가 절반 이하로 급격하게 떨어졌다.

침팬지는 어떻게 숫자의 위치를 이렇게 빨리 기억할 수 있을까? 침팬지는 인간과 달리 야생에서 생활한다. 야생 생활을 하는 동물에게는 사물을 보고 한순간에 기억하는 능력이 생존에 필수적이다. 먹이를 잘 찾아 굶주림을 해결하고 천적으로부터 자신과 부족을 보호해야 하기 때문이다.

인간은 이런 침팬지의 기억 능력을 전혀 가질 수 없을까? 인간도 태어날 때 침팬지의 '사진형 기억력'을 잠시 가진다고 한다. 침팬지는 생존을 위해 기억 능력을 발달시켜나가는 반면, 인간은 다른 고위 인지능력을 더 활용하느라 침팬지만큼 기억 능력을 키우지 못하는 것이다. 하지만 침팬지만큼은 아니더라도 훈련을 통해 우리 안에 잠재된 사진형 기억력을 어느 정도 회복하는 일은 가능하다.

놀라운 능력을 가진 사람들

실제 침팬지의 사진형 기억력보다 더 뛰어난 기억 능력을 가진 사람들이 존재한다. 1988년 개봉한 영화 〈레인맨〉에서 더스틴 호프만은 자폐증 환자 레이먼드 역을 맡았다. 극 중 레이먼드는 엄청난 기억 능력을 가졌다. 전화번호부를 통째로 외우는가 하면 바닥에 쏟아진 성냥의 수를 단숨에 세기도 한다. 가족의 전화번호도 잘 기억하지 못하는 우리에게 레이먼드의 능력은 부러움을 넘어 경이롭다. 미국 유타주의 킴 픽이 레이먼드의 실존 모델이다. 2009년에 58세로 생을 마감한 킴은 영화에서 소개된 일화보다 더욱 놀라운 수준의 능력을 가지고 있었다. 킴은 보통 사람이 평균 3분에 읽는 양을 40초 만에 읽고, 전화번호부 40여 쪽에 실린 이름과 전화번호를 20초 만에 외운다. 단순히 빨리 읽는 데서 그치지 않고 책 내용을 98% 정확하게 기억한다. 킴은 죽기 전 12,000권에 달하는 책의 내용을 대부분 기억했다고 하니 그야말로 '걸어 다니는 백과사전'으로 불릴 만했다.

대니얼 타멧과 스티븐 윌트셔도 킴 픽처럼 놀라운 능력을 가지고 있었다. 세계 기억 선수권 대회 우승자인 타멧은 5시간 9분에 걸쳐 원주율을 22,514자리까지 암기한 신기록을 보유하고 있다. 또한 영어를 포함해 10개의 언어를 유창하게 구사하며, 심지어 다큐멘터리 촬영을 위해 일주일 만에 아이슬란드어를 습득하기도 했다. 영국의 화가 스티븐 윌트셔는 2005년에 높은 빌딩 위에서 37분 동안 도쿄의 전경을 본 뒤 7일 만에 도쿄의 풍경을 정확하게 그림으로 재현해내는 놀라운 능력을 발휘했다. 실제 사진과 비교했을 때 어느 것이 사진인지 구별이 안 될 정도로 생생한 묘사였다.

킴 픽, 대니얼 타멧, 스티븐 윌트셔와 같은 놀라운 능력을 가진 사람을 부르는 전문 용어가 있다. 바로 '서번트 증후군'이다. 학식이 깊은 사람 또는 현자를 뜻하는 프랑스어 'savant'를 어원으로 하는 서번트 증후군은 일반적으로 '자폐증이나 지적 장애를 가진 사람 중 특정 분야에서 우수한 능력을 발휘하는 현상'을 말한다.

서번트 증후군은 영국의 의학 박사인 랭든 다운에 의해 처음 발표되었다. 랭든 다운은 21번 염색체가 3개일 때 나타나는 다운증후군을 발견한 사람으로도 유명하다. 다운은 1887년 런던의학협회의 초청으로 강연을 하면서 정신과 병동에서 30년간 근무하면서 알게 된 10명의 사례에 대해 발표했다. 이 10명은 수학, 음악, 미술 등의 분야에서 천재성을 보였고, 놀라운 기억력을 소유했지만 낮은 IQ를 가졌다는 공통점이 있었다. 다운은 낮은 IQ를 가진 천재라는 의미에서 이들을 '이디엇 서번트Idiot Savant'라고 지칭했다.

서번트 증후군의 비밀

서번트 증후군을 앓는 사람들이 일반적인 사람에 비해 놀라운 기억력을 가지는 이유는 무엇일까? 서번트 증후군의 원인을 가장 잘 설명하는 이론은 '좌뇌의 손상과 우뇌의 보상 이론'이다. 출생 때나 어린 시절 좌뇌의 기능이 손상되면, 손상되지 않은 우뇌는 좌뇌가 수행해야 할 역할까지 모두 수행하게 됨으로써 특정 분야에서 월등한 능력을 보인다는 것이다.

호주 시드니대학교 마음센터의 알란 스나이더 교수는 일반인에게 잠재되어 있는 서번트 능력을 끌어내는 실험을 했다. 우선 두피에 전극을 대고 일정 주파수의 자기장을 줘서 좌뇌 전두측두엽 부위의 활동을 떨어뜨린 뒤 피실험자들에게 다양한 문제를 풀도록 했다. 좌뇌의 기능을 무력화시킴으로써 우뇌의 기능이 활성화되게 한 것이다. 실험 결과는 놀라웠다. 약 80%의 피실험자들이 실험 전보다 기하학 문제를 잘 풀었으며, 약 40%의 실험자들은 실험 전보다 그림을 잘 그리게 되었다.[4]

서번트 증후군의 권위자이자 영화 〈레인맨〉의 고문을 맡았던 대럴드 트레퍼트는 인간에게는 원래부터 서번트 능력이 잠재적으로 내재되어 있다고 주장한다. 뇌 손상이 천재성을 유발하는 것이 아니라, 인간이 진화 과정에서 잃어버린 능력이 뇌 손상을 통해 드러난다는 해석이다.[5]

그렇다면 인간의 서번트 능력은 왜 발현하지 못하는 것일까? 이유는 간단하다. 그것이 생존에 유리하기 때문이다. 실제로 서번트 증후군을 앓는 사람 대부분은 혼자 세상을 살아가기 어려워하며 누군가의 도움을 필요로 한다. 사회에서 사람들과 원활하게 의사소통을 하려면 개념을 추상화하고 새로운 개념을 창조하는 등 다양한 인지기능이 골고루 발달해야 한다. 고차원의 인지능력을 발달시키기 위해 놀라운 능력을 희생시킬 수밖에 없었던 것이다.

속독에 대한 오해

책을 빨리 읽고 많이 기억하는 것. 정보의 홍수 시대에 살고 있는 사람이라면 누구나 한 번쯤은 생각해봤을 법한 주제다. 필자 역시 SBS 〈스타킹〉 같은 프로그램에서 책 1권을 몇 분 만에 읽는 독서 신동들을 보며 '나에게도 저런 능력이 있다면 어땠을까'라고 상상해본 적이 있다. 글을 빨리 읽을 수 있다면 정보를 더 빨리 습득하고 잘 활용할 수 있기 때문에 공부와 업무에서 자연스럽게 효율이 높아질 것이라고 생각했다. 일반적으로 알려진 속독 훈련은 보통 2가지다.

① 눈의 시점을 다양한 방법으로 빠르게 움직이는 훈련(시점 이동 훈련)

② 이해가 되지 않아도 무작정 책장을 빠르게 넘기는 훈련(가속 읽기 훈련)

결론부터 말하면, 이런 방법으로 속독을 훈련할 수 없다. 물론 서번트 증후군이 있거나 뇌의 특정 부위가 선천적으로 발달된 사람은 예외다. 글을 읽는 행위는 단순히 글자 정보를 사진 찍듯이 입력하는 것이 아니다. 저자의 입장이 되어 글이 내포하는 의미를 이해하고 해석하는 고차원의 인지능력까지 요구한다. 안구 운동에 집중하는 속독 훈련은 요행을 바라는 속독이다. 시점 이동 훈련과 가속 읽기 훈련은 속독의 기초 트레이닝 단계에서는 필요하지만 읽기의 마지막 결과물을 만드는 데에는 미치지 못한다. '대각선 읽기', 'Z자 읽기' 등 눈동자를 움직이는 방법에 집중하는 속독은 과감히 그만두고 이제는 인간의 다양한 인지능력을 향상시키는 독서 방법이 무엇인지에 대해 고민하라.

빠르고 정확한 독서를 위한 3가지 습관

빠르고 정확한 독서는 어떻게 가능한가? 필자는 10년 이상 독서법을 연구하면서 빠르고 정확하게 읽는 정속독을 위해서는 다음 3가지 습관이 필요하다는 점을 깨달았다.

보기Watching: 읽기가 아닌 보기

우리는 독서가 책을 '읽는 행위'라고 알고 있다. 글을 천천히, 꼼꼼하게 읽으면 더욱 이해를 잘할 것이라고 생각한다. 하지만 분명히 읽었는데 이해도 안 되고, 기억도 안 나는 자신을 보며 허무함을 느낀다. 빠르고 정확한 독서를 위한 첫 번째 걸음은 독서는 '읽는 것'이 아니라 '보는 것'이라는 생각의 전환이다.

우리가 백화점에서 쇼핑할 때 마음에 드는 상품이 있으면 찰나에도 자연스럽게 시선이 간다. 또한 출퇴근길에 북적대는 시내를 빠르게 걷다가도 학창 시절의 반가운 동창을 보면 멀리서도 단번에 알아보고 안부를 묻는다. 이처럼 우리는 정보를 순간적으로 빠르게 인지하는 능력을 갖고 있다. 다만 독서에서 이런 능력을 제대로 활용하지 못했던 것뿐이다.

또한 우리는 책을 왼쪽에서부터 오른쪽 방향으로 읽는 것에 익숙하다. 그러나 왼쪽에서부터 오른쪽으로, 세로가 아닌 가로로 글을 읽기 시작한 것은 역사적으로 그리 오래되지 않았다. 특히 한국어·중국어·일본어 같은 한자 문화권에서는 전통적으로 오른쪽에서 왼쪽으로, 가로가 아닌 세로로 문자를 써내려갔다. 경복궁이나 숭례문 같은 조선시대 건축물의 현판을 왼쪽에서 오른쪽으로 읽었다가 이상하다 싶어 다시 오른쪽에서 왼쪽으로 읽은 경험이 한 번씩은 있을 것이다. 대한민국에서 왼쪽에서 오른쪽으로 글을 읽고 쓰기 시작한 것은 개화기 이후 서양 문물과 영어의 영향을 받으면서부터다. 이후 광복을 맞으면서 근대화를 위해 국가적 차원에서 가로쓰기를 더욱 장려했다. 다만 대부분의 신문은 오랫동안 세로쓰기를 고수했는데, 1988년 한겨레신문의 창간을 기점으로 신문에서도 가로쓰기가 도입되었고, 현재는 세로쓰기를 하는 신문은 찾아볼 수 없다.

이처럼 인간은 어떤 방식으로든 글을 읽을 수 있다. 우리에게 필요한 것은 지금까지의 고정관념을 깨는 것이다. 이제부터 독서를 할 때 읽는다는 생각보다 그림을 본다는 생각을 갖자. 그리고 읽는 속도를 높여도 이해할 수 있다는 것을 생각하자. 인지심리학에서는 인간의 두뇌는 인출을 못할 뿐이지, 모든 정보를 받아들일 수는 있다고 설명한다. 이런 방식에 익숙해지면 어느 순간 내면에 잠재된 서번트 능력이 점차 발현되는 것을 느낄 것이다.

청킹Chunking: 의미상의 덩어리 파악하기

힙합그룹 에픽하이의 멤버 타블로는 미국 스탠퍼드대학교 창작문예학 학사와 영문학 석사 학위를 3년 6개월 만에 수료한 수재다. 그는 2004년 KBS 〈학교야 놀자〉에 출연해 자신의 공부 비결 중 하나로 속독을 소개했다.

타블로는 중학교 시절 어떤 책에서 '인간의 두뇌는 눈보다 빨리 인지한다'라는 내용을 읽고 그때부터 혼자 속독 훈련을 시작했다. 그의 훈련 중 가장 눈에 띄는 점은 한 페이지를 전체를 머릿속에서 절반으로 나눈 뒤, 전부 이해가 되지 않더라도 빠르게 읽어나갔다는 부분이다. 그는 이런 독서 방식이 처음에는 익숙하지 않았지만 어느 순간부터 책을 빠르게 읽으면서도 내용을 이해할 수 있었고, 결과적으로 더 많은 정보를 빨리 습득하는 데 도움이 되었다고 밝혔다.

공부와 독서를 잘하고 싶은 사람이라면, 타블로의 능력은 부러움의 대상이다. 하지만 정말 타블로처럼 훈련하면 누구나 속독을 할 수 있을까? 한 페이지를 반으로 나눠서 열심히 읽다보면 어느 순간 속독이 될 것이라고 착각해서는 안 된다. 타블로의 속독법의 핵심은 페이지를 물리적으로 반으로 나눈 것이 아니라, '의미상의 덩어리로 나누기'다.

의미상의 덩어리를 파악하는 것, 즉 청킹은 기억에 있어 중요한 원칙이다. 단순하게 책을 빨리 넘긴다고 읽은 내용이 기억에 남지 않는다. 아무 생각 없이 사진으로 보는 훈련은 언제 끝날지 모르는 레이스와 같다. 따라서 인지심리학의 부호화 전략에 따라 청크(의미상의 덩어리)를 발견해나가야 비로소 진정한 속독을 할 수 있다.

우리는 빠르게 보면서도 기억이 나고 이해까지 되는 독서를 해야 한다. 끊임없이 문장 내의 의미상의 덩어리를 파악하는 연습을 해야 한다.

스키마 Schema: 배경지식 활용하기

'개 눈에는 똥만 보인다'는 말이 있다. 어떤 상황이나 대상을 과거의 경험이나 지식에 근거해 주관적으로 판단하는 선입관이나 편견을 주의하라는 뜻이다. 이처럼 과거의 경험이나 지식이 '지식의 저주'를 만들 수도 있지만, 인지심리학에서는 사전지식이나 배경지식을 학습에 있어 중요한 요소로 생각한다. 이를 전문적인 용어로 스키마라고 한다.

스키마라는 용어는 철학자 칸트가 《순수이성비판》에서 처음 사용했고, 심리학에서는 영국의 바틀렛에 의해 논의되기 시작했다. 바틀렛은 1932년 인간 기억의 작동 원리에 대해 연구한 〈기억하기Remembering〉라는 논문에서 스키마를 '경험에 의해 축적된 전형적 지식의 덩어리'라고 정의했다. 또한 머릿속에 존재하는 스키마는 새로운 정보와 상호작용한다고 주장했다. 이를 '과거 경험의 능동적 조직화'라고 한다. 우리는 어떤 정보가 누락되었더라도 스키마를 통해 상황을 추론하는 능력을 갖고 있다.

서준이가 안과 병원에서 진찰을 받았다.

위의 문장에서 우리는 어떤 내용을 유추할 수 있는가? '서준이가 진찰비를 지불했다', '눈과 관련된 문제가 생겼다', '병원까지 도보나 대중교통을 통해 갔다' 등의 정보를 추론할 수 있다.

이처럼 글을 읽고 이해하는 것은 독자의 머릿속에 저장된 스키마를 통해 더 의미 있는 정보로 재구성하는 과정이다. '아는 만큼 보인다'는 말이 있듯 평소에 다양한 배경지식을 습득하는 것은 책을 읽는 안목을 넓혀준다. 또한 수동적으로 책을 읽기보다는 책에서 읽은 새로운 정보와 내가 기존에 아는 정보를 끊임없이 연결·통합하는 시도를 통해 '하나를 읽고 열을 깨닫는' 독서를 할 수 있다.

'보기', '청킹', '스키마'는 빠르고 정확한 독서를 위한 기초 원리다. 이 3가지는 각각 분리된 것이 아니라 독서 과정에서 통합적으로 이루어진다. 의미상의 덩어리로 나누려면 시야를 넓혀야 하고, 이때 배경지식이 있으면 훨씬 더 빠르게 글의 핵심을 파악할 수 있다.

'보기'는 책을 읽기 전에 의식적으로 시야를 넓히려는 습관을 통해 훈련할 수 있다. 폴 쉴리가 《포토리딩》에서 말하는 '포토포커스'를 참조하면 좋다. 포토포커스는 책을 펼쳤을 때 양쪽의 중간 지점을 응시한 채 책장을 한 장씩 넘겨가며 읽는 방법이다. 책의 내용을 이해하지 못해도 괜찮다. 우리 두뇌는 정보를 모두 저장하지만 인출을 못할 뿐이라는 점을 믿자. 만약 혼자 훈련하는 것이 어렵다면 속독 학원을 등록하거나 온라인 속독 프로그램을 활용하는 것도 좋다.

'청킹'은 문장을 꼼꼼히 분석하는 훈련을 통해 향상된다. 특히 문장의 주어, 서술어, 육하원칙을 찾는 연습은 의미상의 덩어리를 찾는 데 큰 도움이 된다. 이 외에 끊어 읽기도 청킹을 향상시키는 하나의 방법이다.

'스키마'는 결국 독서를 통해 향상된다. 기존에 알던 정보와 책의 내용을 끊임없이 연결하고 자신의 의견에 대해 생각해보는 능동적 독서는 우리 두뇌의 스키마를 더욱 증진시킨다.

이 3가지를 아는 것만으로 당장 책 읽는 속도가 급격히 빨라지지는 않는다. 하지만 다양한 독서법의 핵심 원리를 이해한다면 속독에 대한 잘못된 상식을 접고 제대로 된 독서의 왕도로 갈 수 있다.

4장

독서를 통해 전문가가 되어라

취미독서와 학습독서

독서는 취미독서와 학습독서 2가지로 구분된다. 취미독서는 소설, 시, 만화, 에세이, 베스트셀러 등을 읽으면서 즐거움과 마음의 위안을 얻기 위한 독서다. 원하는 시간, 방법, 장소에서 자유롭게 읽으면 된다. 이에 반해 학습독서는 특정 분야를 이해하고 깨닫기 위해 하는 독서다. 학습독서는 취미독서에 비해 목적 달성을 위한 적극적인 자세를 요구한다.

한 분야의 전문가가 되고 싶다면 취미독서보다는 학습독서를 생활화해야 한다. 앨빈 토플러는 《부의 미래》에서 "미래 시대의 부의 원천은 무한대의 속도로 증가하는 지식이며, 우리가 해야 할 일은 유익한 정보를 구분하는 안목을 가지는 것"이라고 말했다.[6] 즉, 가치 있는 정보를 많이 아는 것이 리더로서 가져야 할 역량이라는 것이다.

책을 읽는 모든 사람이 리더는 아니다. 그러나 모든 리더는 책을 읽는다.

미국의 33대 대통령 트루먼의 말이다. 자기 분야의 지식과 기술을 두루 갖춰야 제대로 된 리더가 될 수 있다. 분야에 대한 넓고 깊은 정보 습득을 기초로, 스스로 체화하고 실천하는 사람이 리더가 될 자질을 갖추었다고 할 수 있다. 이때 정보를 습득하려면 그 분야에 대한 책을 읽음으로써 생각의 폭을 넓히는 것이 중요하다. 리더에게 요구되는 독서는 취미독서보다 학습독서에 가깝다.

빌 게이츠는 연간 최소 50권의 책을 읽고, 1년에 몇 번씩 '생각 주간Think Week'을 갖고 하나의 주제를 정해 집중적으로 독서하는 것으로 유명하다. 워런 버핏 역시 5개 신문과 500쪽에 달하는 기업보고서를 읽는 데 매일 5시간씩 할애한다고 한다.

세계를 선도하는 리더들은 아무리 바쁘더라도 학습을 위한 독서를 꾸준히 함으로써 국내외 정치적·경제적·사회적 현안을 파악하고 자신의 전문성을 증진시키는 노력을 게을리하지 않는다. 한 분야의 전문가가 되려면 최소한 자신이 종사하는 분야에 관한 정보를 꾸준히 습득하는 과정이 반드시 필요하다.

학습독서 준비 과정: 정보 수집

학습독서를 준비하는 과정에는 기본적으로 주제 선정, 도서 조사, 도서 선정 3가지가 필요하다.

① 주제 선정

주제를 선정할 때는 자신이 가장 잘하고 싶은 분야나 가장 궁금한 분야 중 하나를 고르는 게 가장 좋다. 또한 처음에는 주제의 폭을 최대한 좁혀서 1개월 이내에 모두 이해할 수 있는 범위여야 한다. 범위가 너무 넓은 주제를 선정하면 그 분야에 호기심을 잃어버리고 포기할 우려가 있기 때문이다. 예를 들어, 경영에 대한 책을 읽겠다고 하면 너무 광범위하다. 경영에는 생산, 재무, 영업, 판매, 마케팅, 광고, 홍보, 인사, 조직, 리더십 등 다양한 하위 항목이 있기 때문이다. 자신에게 가장 필요한 역량이 직원들의 동기부여라면, 리더십에 관련된 도서들을 읽어야 한다.

② 도서 조사

주제를 선정한 다음에는 도서 조사가 필요하다. 도서 조사 과정은 크게 3단계로 나뉜다. 첫째는 온라인서점 검색이다. 온라인서점은 분야별로 분류가 잘되어 있으며 판매순, 인기순, 평점, 리뷰 등 책의 질을 파악하는 데 도움되는 정보가 풍부하다. 게다가 내가 찾는 책과 관련된 도서와 나와 같은 책을 읽은 사람들이 어떤 책을 읽었는지 알려주는 추천시스템 기능이 있기 때문에 도서를 조사하기에 편리하다.

다음은 서점을 방문하는 것이다. 온라인서점에서 파악한 도서 목록을 실제로 확인해야 한다. 책의 편집, 목차, 내용을 직접 봐야 한다. 온라인서점에서 구매한 책이 기대했던 것과 달라서 실망하는 일이 발생한다. 간혹 같은 내용인데 제목만 다른 책을 사는 경우도 있다. 따라서 서점에서 직접 책과 소통하는 과정은 필수 작업이다.

마지막으로 도서관을 방문한다. 온라인서점과 서점으로 충분하다고 생각할 수 있지만 도서관은 보물섬 같은 장소다. 서점의 진열대는 잘 팔리는 신간 위주로 배치되어 있다. 온라인서점 역시 인기 있는 책이 먼저 검색되는 알고리즘을 적용하고 있다. 그러나 도서관은 십진분류표에 따라 철저히 분야별로 책을 배치한다. 원래 대여하려고 했던 책을 찾다가 생각지 못한 양서를 발견하는 것이 도서관이 주는 묘미다. 새로운 정보를 발견하고 싶다면 보물을 찾는다는 설레는 마음으로 도서관에 가보길 바란다.

③ 도서 선정

도서 목록 조사가 완료되었다면 이제 읽어야 할 책의 우선순위를 정할 차례다. 이왕이면 도서를 10권 정도 선정하는 것을 추천한다. 10권이 부담스러울 수 있다. 하지만 같은 주제에 대한 10권의 책이 전혀 다른 내용을 말하고 있을 리 만무하다. 3권만 읽으면 그 주제에 대한 전체상이 보일 것이고, 그 이후에 읽는 책에는 전혀 새로운 책을 읽는 시간의 3분의 1 이하만 할애하면 된다. 따라서 처음 읽을 도서 3권을 잘 선정하는 것이 중요하다. 그 분야에 대한 전체 개요를 담고, 논리적 흐름이 탄탄하면서 읽기 쉬운 책이면 가장 좋다.

학습독서를 위한 통합적 읽기: 읽기 방법

도서 선정이 끝났으니 이제 본격적으로 책을 읽어야 한다. 학습독서는 한 권의 책을 읽고 마치는 게 아니다. 독서법의 고전으로 불리는《생각을 넓혀 주는 독서법》에서는 '통합적 읽기'를 소개한다. 통합적 읽기는 총 5단계로

구성되어 있다.[7]

1단계: 관련된 문단을 찾아라

통합적 읽기에서의 관심은 '책'이 아니라 '주제'다. 하나의 책이 담고 있는 내용의 주제가 내가 알고 싶은 문제와 직접적인 관련이 없을 수 있다. 따라서 책의 모든 내용을 이해하려고 하기보다는 내 문제를 해결하는 데 그 책이 어떤 도움을 줄 수 있는지 생각하면서 적극적으로 읽어야 한다. 책을 읽는 주인이 저자가 아니라 나라는 마음으로 읽어야 한다.

2단계: 저자의 다양한 용어 표현을 하나로 통일하라

이 과정에서 저자의 용어를 그대로 받아들이지 않는다. 하나의 현상을 저자들이 제각기 다른 용어로 표현한다면 나는 나만의 언어를 통해 중립적 용어로 만들어야 한다.

3단계: 질문을 명확히 하라

용어만이 아니라 명제 역시 중립적으로 만들어본다. 독자인 나의 질문들을 저자가 답하게 만들어야 한다. 저자가 내가 궁금해하는 질문의 답을 직접적으로 다루지 않을 수 있다. 이럴 때도 의식적으로 저자의 생각이 담긴 부분을 찾으려고 노력해야 한다.

4단계: 쟁점을 규정하라

하나의 현상에 대해 저자마다 의견이 다르다. 이때 독자는 쟁점에 대한 저자의 의견을 명확히 나누고 정리할 수 있어야 한다.

5단계: 논의되고 있는 내용을 분석하라

마지막으로, 논의되는 쟁점을 분석한다. 이 과정을 통해 해당 분야의 진위 여부를 판단할 수 있다. 설득력 있는 증거와 논지를 뒷받침하는 타당한 근거가 많을수록 신뢰도가 높은 쟁점이다.

학습독서를 위한 스마트 읽기: 읽기 도구

종이에 메모를 하면서 독서를 하는 경우가 있다. 나아가 책 내용을 필사하며 읽는 사람도 있다. 물론 저자의 생각과 맥락을 파악하는 데 아날로그 방식은 나름대로 효과적이다. 그러나 메모를 하면서 읽다보면 독서 속도가 느려지고 추후에 메모한 내용을 찾는 데 어려움을 겪을 수도 있다. 그리고 종이에 적은 내용을 편집 및 수정하는 데에도 제약이 있다.

전문가는 한 분야에 대해 폭넓은 지식이 있는 사람이다. 따라서 디지털 마인드맵 같은 도구를 활용함으로써 효율성을 높이는 독서 방법을 추천한다. 대표적으로 추천할 만한 디지털 마인드맵 프로그램으로는 Thinkwise, Xmind, Simplemind가 있다. 이 프로그램들을 추천하는 이유는 로직트리 형태의 마인드맵을 구현하는 기능이 탑재되어 있기 때문이다. 디지털 마인드맵을 통해 주제별로 책의 내용을 논리적으로 구조화하며 정리하다보면 하나의 주제에 대한 전체 그림을 한눈에 볼 수 있고, 다양한 책의 내용을 중복과 누락 없이 이해 및 정리하기에 용이하다.

학습독서를 통한 전문성 완성

책은 집필 및 편집 과정이 길기 때문에 최신 정보를 수록하기 어려울 때도 있다. 전문가가 되려면 시대의 흐름을 읽는 안목도 가져야 하므로 다양한 경로를 통해 그 분야의 최신 이슈를 찾아볼 필요가 있다.

인터넷 포털 검색뿐만 아니라 깊이 있는 논문도 읽어보면 더욱 좋다. 논문은 그 분야의 연구자들이 수집한 객관적·과학적인 자료를 바탕으로 자신의 의견을 피력하고 다른 학자들에 의해 철저하게 검증 및 비판을 받기 때문에 정확도와 신뢰도 면에서 다른 콘텐츠보다 뛰어나다. 논문을 읽고 정리하는 수준이 된다면 최고 전문가가 되기 위한 지식 습득 수준으로서 손색이 없다고 할 수 있다. 그러나 많은 논문이 독자 수준에 맞게 책으로 출간되기 때문에 시중에 출간된 해당 분야 도서를 읽는 것으로도 충분하다.

마지막으로 할 일은 지금까지 이해하고 정리한 내용을 말과 글로 표현해보는 것이다. 이왕이면 블로그, 소셜미디어, 유튜브 같은 매체에 공유하는 게 좋다. 나의 말과 글의 부족한 점이나 잘못된 점에 대해 다른 사람들의 의견을 받을 수 있을뿐더러, 대외적으로 그 분야의 전문가들과 소통하면서 인정을 받는 계기가 될 수도 있다.

5장

원페이지로 요약하라

마지막은 한 쪽 요약

요약은 글의 주제를 파악하는 작업이다. 작가에게는 독자에게 전달하고자 하는 메시지가 있다. 독자는 그 주제를 파악해서 한 페이지로 정리할 수 있어야 책을 정확하게 읽었다고 할 수 있다.

영화 〈흐르는 강물처럼〉을 보면 주인공의 아버지는 아들에게 책을 읽고 요약하는 숙제를 내준다. 주인공이 요약을 한 뒤 아버지에게 건네면 아버지는 그 요약문을 읽어본 뒤 분량을 반으로 줄이라고 한다. 주인공이 내용을 줄여 다시 아버지에게 보여주면 아버지는 또다시 반으로 요약하라고 한다. 아버지가 내준 숙제는 두 번이나 분량을 줄인 다음에야 마무리된다.

아버지는 왜 이러한 숙제를 내주었을까? 아마도 요약은 책의 핵심을 파악하지 않으면 할 수 없는 작업이며 이 과정에서 나의 문장으로 표현할 때 책 내용이 나의 지식과 지혜가 되기 때문일 것이다.

최근에 책의 핵심 내용을 요약해주는 큐레이션 서비스가 생겨나고 있다. 정보의 홍수 속에 책의 핵심만 빠르게 파악하고 싶은 사람들을 겨냥한 것이다. 필자도 책을 한 쪽으로 요약하는 '요약전문가'로 3년 동안 활동했다. 많은 고민과 경험을 바탕으로 얻은 원페이지 요약 비법을 소개한다.

저자를 이해하라

저자에 대한 정보는 표지, 머리말, 목차에 나타나 있다. 책에 소개된 정보가 충분하지 않거나 출판된 지 오래되었다면 인터넷 검색을 통해 저자에 관한 추가 정보를 손쉽게 얻을 수 있다. 책을 읽으면서 저자에 대한 이해가 더욱 구체화되는 경우도 있지만 때로는 처음에 예측했던 것과 다를 수도 있다. 하지만 저자의 생각을 미리 예측해보고 책을 읽으면서 그 예측을 검증하는 과정을 거치면 독서를 통해 더 큰 효과를 얻을 수 있다. 저자 이해 단계에서 살펴볼 항목은 다음과 같다.

저자 소개

저자 소개에는 저자의 현재의 직업 및 소속, 과거 학력과 이력이 적혀 있다. 독자가 책의 신뢰성을 판단할 때 가장 먼저 보는 것 중 하나는 '저자의 전문성'이다. 주제나 내용이 비슷한 여러 권의 책이 있다면 그중에서 어떤 책을 선택하는 것이 좋을까? 이러한 판단에 가장 크게 영향을 미치는 요소는 바로 저자다.

저자 소개를 읽거나 검색해보는 시간은 5분이면 충분하다. 이후 저자를 한마디의 키워드로 표현해보자. 키워드로 정리하면 저자가 어떤 사람인지 오래 기억할 수 있고, 다른 사람에게 책을 추천할 때에도 도움이 된다.

저술 개요

저자의 주장은 저자 자신의 지식과 경험을 바탕으로 책을 통해 표현하고 싶은 핵심 의견이다. 주로 '저자는 ~ 주장하고 있다'라는 식으로 기술한다. 표지와 머리말에 있는 정보를 자세히 들여다보면 책을 본격적으로 읽기 전에도 충분히 저자가 무엇을 주장하는지 감을 잡을 수 있다.

저술 의도는 저자가 책을 쓰게 된 이유다. 저자가 어떤 문제에 대해 고민했는지를 제시하는 것이다. '~에게 ~때문에 이 책을 썼다'에 해당하는 내용이다. 저술 목적은 저자가 책을 통해 궁극적으로 얻고자 하는 결과다. '이 책을 통해 ~하기를 바란다'라는 내용이 있으면 그것이 저술 목적이라고 볼 수 있다.

저자에 대한 항목을 작성하기만 해도 저자가 말하려는 바를 어느 정도 이해할 수 있다. 또한 저자가 책을 통해 말하고 싶은 의도, 주장, 목적을 파악함으로써 독서 효과를 증진할 수 있다.

목차를 코딩하라

책의 구성은 여행을 하는 데 필요한 지도와 같다. 실제로 저자는 목차를 짜는 데 오랜 시간을 들인다. 저자가 출판사와 출간 논의를 할 때도 목차는 필수 항목이다. 그만큼 목차는 책의 향방을 결정하는 중요한 요소다.

목차는 인지심리학적 측면에서 가장 기본적인 인지과정인 범주화의 한 형태라고 볼 수 있다. 범주화되지 않은 정보에는 의미를 담을 수 없다. 인간의 두뇌는 이 세상에 의식하지 않더라도 존재하는 사물과 사건을 자동적으로 범주화한다. 그리고 모든 사람은 거의 동일한 방식으로 세상을 범주화한이 세상이 이미 구조화되어 있기 때문이다. 또 다른 이유는 범주화 작업 자체가 세상을 살아가면서 직면하는 수많은 문제를 해결하는 데 쓸모가 있기 때문이다.

물론 목차만 봐서는 책의 핵심 내용을 알기는 어렵다. 독자의 호기심을 유발하기 위해 부나 장 제목을 핵심과 상관없이 현란하게 꾸며 짓거나, 반대로 내용을 유추할 수 없게끔 단순하게 처리하기도 한다. 그럼에도 불구하고 목차는 책의 뼈대이므로 '왜 이렇게 구성했을까'를 생각하며 정독할 가치가 있다.

목차코딩은 책의 목차를 나만의 방식으로 재구성해보는 과정이다. 저자가 그 챕터를 쓸 때 말하고 싶었던 중심 화제가 무엇인지를 예측해보는 것이다. 예를 들어 목차에 '암은 어떻게 생겼는가'라는 제목의 챕터가 있다면 '암의 발병 원인'이라고 재구성할 수 있다.

능동적으로 읽어라

독서는 저자의 생각을 그대로 받아들이는 작업이 아니라, 책을 읽는 자신의 배경지식, 즉 스키마와 연결하는 과정이다. 따라서 저자가 책에 담긴 저자의 생각과 자신의 생각을 비교해보는 능동적인 독서를 해야 한다. 능동적 독서를 위해서는 다음 3가지가 필요하다.

살펴보기

책을 자세히 읽기 전에 책을 처음부터 끝까지 빠르게 2~3번 훑어본다. 이 과정에서는 책의 구성 방식과 핵심 키워드가 무엇인지 파악하는 것이다. 전체 내용을 완벽히 이해하겠다고 벼르기보다 앞에서 소개한 '보기' 방식으로 가볍게 넘긴다.

질문하기

각 챕터를 자세히 읽기 전에 챕터의 제목과 소제목을 보고 전개될 내용을 예측해본다. 또한 제목을 보고 떠오르는 궁금함을 스스로에게 질문해본다. 책의 핵심 내용이 머릿속에 쏙쏙 들어오는 신기한 경험을 할 것이다.

떠올리기

한 챕터를 읽고 나서는 그 챕터의 핵심 단어와 주요 내용을 떠올려본다. 빨리 다음 장으로 넘어가고 싶은 충동을 조금만 자제한다. 더 나아가 그 챕터의 핵심 내용을 한 문장으로 요약할 수 있으면 금상첨화다.

책을 한 번 완독하는 것으로 만족하고 책을 책장에 꽂으면 안 된다. 책 내용을 나의 지식과 지혜로 만드는 다음 3단계 과정을 거쳐야 한다.

1단계: 요약하기

내용을 요약할 때는 문장보다는 키워드 형태로 적는 것이 좋다. 문장을 그대로 적는 것은 수동적인 요약 방식이다. 그것을 공유했다가는 자기도 모르게 저작권법을 위반할 수도 있다. 키워드 형태 요약은 독자의 기존 지식을 바탕으로 논리적 사고력을 발휘하는 것이다. 이때 중요한 점은 가지들 간의 상위, 동위, 하위의 수직적·수평적 관계의 논리성이 충족되어야 한다는 것이다. 그래야만 더 오랫동안 기억에 남고 누가 봐도 이해할 수 있는 유의미한 요약이 된다.

2단계: 주제 쓰기

도서 요약의 마지막은 책의 핵심 내용을 한 문장으로 만드는 것이다. 독서 전문가들은 독서의 마지막 단계가 '한 문장으로 요약하기'라고 한다. 한 문장으로 한 권의 책을 설명한다는 것은 책의 핵심을 파악해야 가능하다. 이 한 문장 안에는 저자의 생각이 함축되어 있으며 육하원칙의 요소가 담겨 있을 것이다. 주제문장을 잘 표현했는지 확인하는 방법은 문장의 각 구성요소들(주어, 서술어, 목적어 등등)이 내용요약들의 항목에 잘 담겨 있는가 살펴보는 것이다.

3단계: 서평 쓰기

1~2단계가 저자의 생각을 유추하는 과정이었다면 서평 쓰기는 나의 생각을 발휘하는 단계다. 발견, 느낌, 의문, 계획을 항목별로 나누고, 이러한 의견을 바탕으로 자신이 말하고 싶은 핵심 내용을 한 문장으로 써본다. 그리고 개략적인 의견의 전개 방식과 구조를 만들어본다. 마지막으로 이를 바탕

으로 자신의 생각을 자유롭게 펼치면 된다. 필요시 인터넷상의 다양한 기사와 문헌을 인용하면 보다 풍부하고 신뢰성 있는 서평을 작성할 수 있다.

6부

업무코딩:
어떤 일이든 완벽하게 해내는
문제해결사 되는 법

1장

성공하려면 역량부터 높여라

역량이란 무엇인가

21세기는 평생학습의 시대다. 정규 교육을 마쳐도 한 개인의 학습은 끝나지 않는다. 많은 기업이 신입사원부터 경영진에 이르기까지 직원들의 업무역량을 향상시키기 위해 직무교육 프로그램에 많은 투자를 한다. 또한 사회 환경이 급격하게 변하여 '평생직장'이라는 개념이 점점 사라지면서 역량 개발을 위한 온·오프라인 교육을 수강하는 사람이 증가하고 있다.

2017년 한국교육개발원의 통계에 따르면 2017년 평생교육 프로그램은 164,160개로 2009년 대비 57,032개가 증가했고, 특히 직업능력향상교육 프로그램은 67,470개로 2009년 대비 2배 이상 많아졌다. 그만큼 많은 사람이 평생학습의 중요성을 느끼고, 특히 직무능력을 향상하기 위해서 각 분야 전문가가 운영하는 교육 프로그램을 찾는다.

평생교육 프로그램 수와 학습자 수에서 직업능력 향상교육이 차지하는 비율

구분		2009년	2010년	2011년	2012년	2013년	2014년	2015년	2016년	2017년
프로그램 수	전체	107,128	126,506	142,776	129,443	133,844	156,690	156,665	161,788	164,160
	직업능력	28,769	36,103	38,322	42,648	49,053	63,242	57,467	57,718	67,470
	직업능력 비율(%)	26.85	28.54	26.84	32.95	36.65	40.36	36.68	35.68	41.10
학습자 수	전체	22,454,539	27,026,042	28,920,780	17,618,945	18,260,301	12,919,836	11,982,654	11,336,564	11,897,236
	직업능력	22,454,539	4,351,758	4,047,980	5,373,464	5,336,466	6,123,831	5,743,960	4,745,635	5,619,996
	직업능력 비율(%)	14.10	16.10	14.00	30.50	29.22	47.40	47.94	41.86	47.24

• 출처: 한국교육개발원 평생교육통계

평생학습에 대한 필요성이 증가하자 대한민국 정부는 국가직무능력표준NCS(National Compentency Standards)이라는 제도를 만들었다. 산업현장에서 직무를 수행하는 데 필요한 지식, 기술, 태도 등 기본적인 역량을 국가가 체계화시킨 것이다. 각 직무에 적합한 능력을 선별하는 작업은 해당 산업의 전문가들의 의견을 수렴하여 진행되었다.

현재 대한민국 기업들, 특히 공공기관은 공정하게 인재를 선발하기 위해 NCS를 기반으로 한 채용 및 평가를 하는 추세다. 그런데 사실 NCS라는 말을 엄밀히 해석하면 국가직무능력표준이 아니라 국가직무역량표준에 더 가깝다. 'Competency'는 '능력'보다는 '역량'으로 번역하는 것이 더 정확하다.

역량이라는 개념은 1970년대 초반 하버드대 심리학자 매클리랜드에 의해 처음 소개되었다. 매클리랜드는 〈지능 검사에 대한 역량 검사의 우위성 Testing for Competence Rather Than Intelligence〉이라는 논문에서 전통적인 지능 검

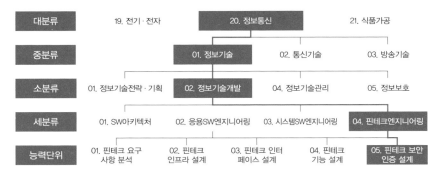

정보통신-정보기술개발 분야(분류 예시)

대분류	19. 전기·전자	20. 정보통신		21. 식품가공
중분류		01. 정보기술	02. 통신기술	03. 방송기술
소분류	01. 정보기술전략·기획	02. 정보기술개발	04. 정보기술관리	05. 정보보호
세분류	01. SW아키텍처	02. 응용SW엔지니어링	03. 시스템SW엔지니어링	04. 핀테크엔지니어링
능력단위	01. 핀테크 요구 사항 분석	02. 핀테크 인프라 설계	03. 핀테크 인터 페이스 설계	04. 핀테크 기능 설계 / 05. 핀테크 보안 인증 설계

사로는 업무 성과를 제대로 측정할 수 없으며 역량 평가가 실제 성과 측정 시에 더욱 의미 있는 결과를 보여준다고 주장했다.[1]

매클리랜드의 연구를 구체화한 스펜서앤드스펜서는 '역량의 빙산 모델'을 제시하면서, 역량을 '기술', '지식', '동기', '특질', '자아개념' 5가지로 분류했다.

- 지식Knowledge: 교육을 통해 습득할 수 있는 특정 분야에 대한 정보
- 기술Skill: 훈련을 통해 습득할 수 있는 특정한 과제 수행능력
- 동기Motives: 개인이 일관되게 마음에 품고 있거나 원하는 어떤 것
- 특성/특질Trait: 신체적인 특성, 성향 또는 정보에 대한 일관된 반응
- 자아개념Self-congnition: 태도, 가치관, 자기상Self-image[2]

다음 그림에서 수면 위에 있는 '지식'과 '기술'은 교육이나 훈련을 통해 쉽게 개발되지만, 수면 아래에 있는 '동기', '특질', '자아개념'은 인간 내면에 있는 요소여서 쉽게 바꾸기 어려운 영역이다. 따라서 직업을 선택할 때

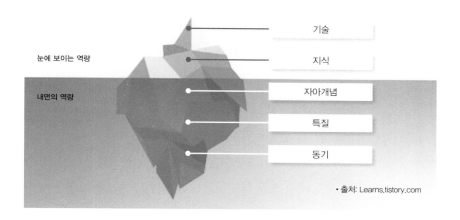

역량의 빙산 모델

눈에 보이는 역량

- 기술
- 지식

내면의 역량

- 자아개념
- 특질
- 동기

• 출처: Learns.tistory.com

자신의 먼저 '동기', '특질', '자아개념'과의 일치 여부를 판단하는 것이 중요하다.

역량에 대해 알아야 할 점은 5가지 역량의 구성 요소가 결합되어 나타나는 행동이 개인 및 조직이 높은 성과를 내는 데 중요하게 작용한다는 것이다. 자신의 의사를 논리적으로 표현하는 능력ability이 뛰어나더라도 그러한 특성이 직무의 성과를 높이는 데 도움이 되지 않는다면 해당 직무에 적합한 의사소통 역량을 갖추었다고 볼 수 없다. 역량은 '조직의 우수한 성과를 발휘하는 구체적인 행동기반의 특성'이라고 말할 수 있다.

문제해결사의 길로

역량이라는 개념은 시대적 상황에 따라 최근 들어 더욱 주목받고 있다. 2016년에 스위스 다보스에서 열린 세계경제포럼에서 4차 산업혁명이라는 용어가 화두로 떠오른 것이 결정적인 계기였다. 이 자리에서 많은 학자는 인공지능, 자율주행차, 3D 프린터, 드론 같은 4차 산업혁명 시대 대표 기술들이 발전하면 인간의 일자리를 빼앗는다고 예상했다. 세계경제포럼이 발행한 〈미래고용보고서〉에서는 2020년에 인간에게 가장 필요한 역량을 선정했는데, 1위가 '복잡한 문제를 해결하는 능력'이었다. 즉, 문제해결 능력이 인공지능이 대체할 수 없는 인간의 가장 고유한 역량이라고 본 것이다.

그렇다면 문제해결 능력은 무엇일까? 이에 대한 답을 찾으려면 먼저 '문제'가 무엇인지 명확하게 정의해야 한다. 우리는 '문제'라는 말을 부정적으로 생각한다. 어떤 일이 불만족스러울 때 보통 "문제다"라고 하는 것처럼 말이다. 이미 발생해서 불만족스러운 상황을 만든 것을 '발생형 문제'라고 한다. 하지만 문제에는 '발생형'만 있는 게 아니다.

현재 불만은 없지만 조금 더 개선된 상태로 나아가기 위해서 하는 일도 문제라고 할 수 있다. 이러한 문제를 '설정형 문제'라고 부른다. 쉽게 말해, '발생형 문제'는 보이는 문제이고, '설정형 문제'는 미래의 문제다. 따라서 '발생형 문제'와 '설정형 문제'에 각각 접근하는 태도와 방식이 달라야 한다. '발생형 문제'를 해결할 때는 문제의 발생 원인을 제거하는 데 주목해야 하지만 '설정형 문제'를 해결할 때는 새로운 아이디어를 찾아내는 데 신경을 써야 한다.

'발생형 문제'와 '설정형 문제'에 대한 접근 방식에는 이처럼 차이점이 있지만 모두 현재의 상황에 안주하지 않고 더 나은 환경을 만들고 싶다는 바람이 있다는 점에서는 동일하다. 그리고 소망이 커질수록 현실에 대한 불만족도 점점 커진다. 이처럼 '소망하는 상태와 현재 상태와의 차이'가 바로 '문제'다. 예를 들어, 다이어트를 해서 75킬로그램까지 감량하고 싶은데 현재 내 몸무게가 90킬로그램이라면, 90킬로그램과 75킬로그램의 차이인 15킬로그램이 '문제'다. 따라서 '발생형 문제'든 '설정형 문제'든 소망하는 상태를 만들기 위해 문제를 해결해야 한다. 이때 필요한 것이 바로 '문제해결 프로세스'다. 일반적인 문제해결 프로세스는 다음과 같다.

문제 정의 → 원인 분석 → 대안 수립 → 실행계획 수립 → 실행 및 평가

그러나 가혹하게도 문제해결 프로세스를 거치기도 전에 문제가 발생한다. 문제해결 프로세스의 개별 단계를 체계적으로 수행하는 게 생각보다 쉽지 않기 때문이다. 어떤 문제를 잘 해결하려면 생각을 논리적·체계적으로 정리하는 것이 필요하다. 그래서 문제해결 전문가들은 보통 '원인 분석', '대안 수립' 단계에서 피라미드 구조, 브레인스토밍 같은 다양한 생각정리 기법 및 프레임워크를 사용한다. 앞에서 설명한 논리코딩과 언어코딩의 최종 목적도 공부, 독서, 업무를 비롯한 생활 속의 다양한 문제를 해결하는 능력을 기르는 것이다.

생각을 범주화하고 언어를 구조화하는 능력은 다양한 생각정리 기법을 상황에 맞게 사용하는 데 있어 기초 역량이다. 이제 일을 시작할 때 무작정 열심히 하려고 하지 말고 먼저 '생각하는 습관'을 가져보자.

① 현재 주어진 문제는 무엇인지 생각하는 습관

② 문제의 원인은 무엇인지 생각하는 습관

③ 이를 해결하기 위한 대안과 계획에는 어떤 것이 있는지 생각하는 습관

④ 행동의 결과로 원하는 목표를 달성했는지, 보완할 것은 없는지 생각하는 습관

처음에는 익숙하지 않더라도 이러한 사고 습관이 무의식 속에 자동화된다면 어떤 일이든 잘해내는 문제해결사가 될 수 있다.

2장

정보수집력이 곧 경쟁력이다

정보는 힘이다

양질의 정보를 수집하는 일은 업무에 큰 비중을 차지한다. 잡코리아 좋은
일연구소의 설문조사에 따르면 광고기획자로 일하는 직장인이 자료 수집
에 쓰는 시간은 전체 업무 시간의 38.5%에 이른다. 이는 비단 직장인만의
이야기가 아니다.

　2017년 신용보증기금의 설문조사에 따르면 창업 실패의 가장 큰 원인으
로 '경험부족'이라는 응답이 절반(46.7%)으로 집계되었다. 경험이 부족하다
고 해서 계속 실패의 아픔을 겪을 수는 없는 법이다. 관련 업종 경험이 부
족하다면 간접 경험이라도 늘려야 한다. 시장과 관련 업종에 대한 정보를
충분히 수집·분석한 뒤, 이를 바탕으로 치열하게 창업을 준비해야 성공의
가능성을 조금이라도 높일 수 있다.

인공지능은 인간의 정보처리 능력으로는 감당하지 못할 방대한 빅데이터를 수집 및 분석하여 유의미한 결과를 도출하는 도구로서 4차 산업혁명 시대에 가장 각광받는 기술이다. 즉 많은 정보를 빠르고 정확하게 해석하는 것이 곧 경쟁력이라는 말이다.

테러리스트 활동을 감시하는 미국정보인지국IAO의 로고에는 '아는 것이 힘이다'라는 뜻의 라틴어 'Scientia est potentia'가 새겨져 있다. 영국의 철학자 프랜시스 베이컨의 격언으로 알려진 "아는 것이 힘이다"라는 말을 오늘날에 맞게 표현하면 이렇게 바꿀 수 있다. "정보는 힘이다."

이제는 큐레이션의 시대

인터넷에는 정보가 넘쳐나며 스마트폰으로 언제든 인터넷에 접속하는 시대가 되었다. 정보를 찾는 것보다 '정보의 산더미 속에서 내게 필요한 정보를 찾는 것'이 중요해졌다. 그래서 이제는 인터넷을 통해 단순히 정보를 제공하는 것보다 얼마나 사람들의 취향에 맞게 정보를 잘 큐레이션하는지가 곧 경쟁력이 되었다.

큐레이션은 주로 박물관이나 미술관에 전시할 작품을 선정하는 것을 가리키는 말로 쓰였지만 최근에는 더 다양한 장소와 대상으로 의미가 확장되었다. 예술작품뿐 아니라 뉴스, 영화, 블로그, 의류 등에 대한 콘텐츠를 개인의 취향에 맞게 편집·가공하여 제공하는 서비스로 진화한 것이다. 즉, 큐레이션은 '온·오프라인상에 있는 콘텐츠를 편집·가공하여 새로운 가치를 만들어내는 작업'을 의미한다.

요즘 우리가 흔히 사용하는 플랫폼들도 소비자 맞춤형 큐레이션 서비스를 제공하고 있다. 구글은 스마트폰에서 자주 검색한 키워드를 분석해 사용자에 맞는 뉴스기사를 제공하는 '구글 어시스턴스Google Assistance'라는 인공지능 비서를 개발했고 아마존을 비롯한 많은 온라인 쇼핑몰은 고객의 구매 패턴 정보를 분석하여 고객이 관심 가질 만한 제품을 자동으로 추천해주는 시스템을 도입하고 있다.

많은 유튜브 크리에이터와 DJ가 하는 일도 본질적으로는 콘텐츠 큐레이션이라고 할 수 있다. 우리는 자신의 취향과 상황에 맞게 정보를 가공하는 유튜버를 구독함으로써 원하는 정보를 쉽게 얻고, 정보 검색에 드는 시간을 절약하여 다른 의미 있는 시간을 만들 수 있다.

전략적 정보관리 방법

이제 '정보가 없어 일을 못했다'는 말은 핑계가 되지 않는다. 누구나 정보에 접근이 가능하며 자신의 상황에 맞는 정보를 어떻게 찾아낼 것인지가 중요한 시대가 되었다. 정보 수집과 관련된 일이 업무에 상당한 비중을 차지하므로 최근에는 정보 수집을 대행해주는 회사도 생기고 있다.

창의성은 무에서 유를 창출하는 것이 아니다. 머릿속에 있는 다양한 정보가 서로 융합되어 기존과 다른 방식의 새로운 결과물을 내는 것이 창의성이다. 앉아서 골똘히 생각만 해서는 새롭고 독특한 결과물이 나오지 않는다. 어떤 분야에 전문성과 창의성을 갖추려면 그 분야와 관련된 정보를 전략적으로 수집하고 관리하는 것이 필요하다.

정보 수집 및 관리 프로세스는 크게 '분야 및 목적 설정', '매체 선정 및
정보 검색', '정보 분류 및 저장' 3단계로 이루어진다.

1단계: 분야 및 목적 설정

업무나 일상에서 꾸준히 정보를 수집하고 싶은 분야를 찾아본다. 처음에
는 자신이 알고자 하는 분야에 대해 뭐라고 검색해야 할지도 몰라서 난감
할 수 있다. 그러나 여러 가지 키워드를 검색하다보면 점차 이와 연관된 키
워드들을 알게 되고, 몇 가지 키워드를 중심으로 자신이 찾고자 하는 분야
의 아웃라인을 파악할 수 있다. 포털 사이트들이 연관검색어 기능을 비롯
해 개인 맞춤형 서비스를 도입하고 있으므로 예전보다 검색이 훨씬 수월해
졌다. 분야 설정은 최대한 구체적일수록 좋다.

이때 주의할 점은 정보를 수집하는 행위 자체에 집착하면 안 된다는 것
이다. 정보를 수집하는 행위에 집중하다보면 자신이 왜 정보를 수집하고
있는지 까맣게 잊을 수도 있다. 맥도너는《정보경제학》에서 정보의 수준을
다음과 같이 구분했다.

- 데이터: 단순한 사실의 나열
- 정보: 의미 있는 데이터
- 지식: 가치 있는 정보
- 지혜: 패턴화된 지식[3]

지식은 정보에 어떠한 가치를 부여한 것이고, 이때 가치 부여란 분명한
목적을 설정하는 일이다. 독서, 공부, 업무 등 모든 일에서 목적 설정은 좋

정보의 수준

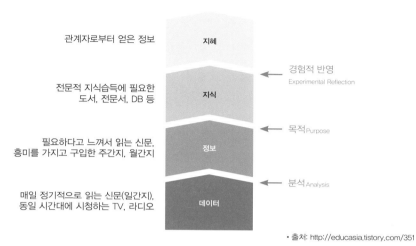

관계자로부터 얻은 정보 — 지혜

경험적 반영
Experimental Reflection

전문적 지식습득에 필요한
도서, 전문서, DB 등 — 지식

목적 Purpose

필요하다고 느껴서 읽는 신문,
흥미를 가지고 구입한 주간지, 월간지 — 정보

분석 Analysis

매일 정기적으로 읽는 신문(일간지),
동일 시간대에 시청하는 TV, 라디오 — 데이터

• 출처: http://educasia.tistory.com/351

은 결과를 도출하는 데 있어 가장 중요하다. 분명한 목적을 설정한 다음 정보를 수집해야 효율적으로 원하는 결과를 얻을 수 있다. 무턱대고 정보를 수집하기 전에 내가 그 분야의 대략적인 내용을 알고 싶은지, 아니면 구체적인 특정 문제를 해결하고 싶은지 생각해보자. 분야와 목적 설정이 명확해지면 자신에게 가장 필요한 정보 수집에 집중할 수 있고, 이 과정을 거쳐 새로운 '지식'과 '지혜'가 탄생한다.

2단계: 매체 선정 및 정보 검색

온라인에는 정보를 얻을 수 있는 다양한 매체가 있다. 각 매체가 지닌 정보의 특징이 다르기 때문에 어느 매체에서 정보를 검색하느냐에 따라 정보의 종류도 다르다.

① 인터넷 뉴스

포털 사이트에 키워드를 입력해 뉴스를 찾아볼 수 있다. 기자들이 작성한 신문기사뿐 아니라 관련 분야 전문가들의 블로그도 유용한 정보 매체다. 주요 검색 키워드가 없을 때는 포털 사이트의 뉴스 카테고리를 꾸준히 살펴보는 것도 정보 검색에 도움이 된다. 인터넷에서 정보를 검색하는 수고를 줄이고 싶다면 RSS(Rich Site Summary)를 이용할 수 있다. RSS는 자신이 원하는 웹사이트의 정보와 키워드를 이메일을 통해 자동으로 전송받는 서비스다. RSS를 통해 관련 분야의 최신 정보를 자동으로 수집할 수 있게 되었다.

② 소셜미디어 및 커뮤니티

관련 분야의 경험을 가진 사람의 의견을 찾고 싶다면 카페, 밴드, 페이스북 그룹 같은 온라인 커뮤니티에 가입한다. 인터넷 뉴스나 블로그는 기업과 기관의 마케팅에 영향을 받는 경우가 있다. 소셜미디어 및 커뮤니티에서 관련 분야 또는 상품에 대한 실제 경험이 있는 사람의 체험이 담긴 글을 살펴보는 것이 유용하다.

③ 전문기관 사이트

언론보도에는 기자가 직접 작성한 기사뿐 아니라 여러 분야에서 전문성을 자랑하는 기관들이 발표하는 자료를 편집한 기사도 있다. 신뢰할 수 있는 정보를 제공하는 기관이 어디이며 그 기관이 어느 곳에 정보를 발표하는지 찾아내면 양질의 정보를 보다 많이 접할 수 있다. 예를 들어, 교육 분야에 전문성을 가진 기관으로는 교육부, 교육과정평가원, 한국교육개발원,

한국교육학술정보원 등이 있다.

④ 논문 사이트

시중의 도서는 대부분 독자의 가독성과 전문성을 고려해 내용을 쉽게 풀어 쓰는 경향이 있다. 또한 독자가 흥미를 느끼게끔 다양한 사례를 수록한다. 제목도 내용을 담기보다 독자의 시선을 끌기 위해 궁금증을 유발하게끔 만들어진다. 그러다보니 책이 깊이 있는 정보를 다 담지 못하거나 제목만 봐서는 전체 내용을 파악하기 어려울 때도 있다. 더 깊이 있는 자료를 원할 경우 논문을 찾아보는 것이 유용하다.

논문 정보에는 제목, 키워드, 초록, 목차가 있어서 그 논문이 자신에게 필요한 정보인지 아닌지를 쉽게 파악할 수 있다. 또한 논문은 대부분 개념에 대한 정의와 구성 요소, 특징, 역사를 요약하고 있어, 10권 이상의 책보다 잘 쓴 논문 한 편이 핵심을 파악하는 데 더 큰 도움이 될 수 있다.

최근에는 포털 사이트에서도 논문을 검색할 수 있어 논문에 대한 접근성이 높아졌지만 국회도서관, RISS 같은 국가 운영 웹사이트나 교보스콜라, DBPIA 등 민간 학술정보 웹사이트에서 더 많은 학술정보를 찾을 수 있다. 대학(원)생은 대학 도서관 웹사이트를 통해 해외 논문까지 무료로 열람 및 다운로드 할 수 있으니 혜택을 충분히 누리도록 하자.

⑤ 통계 사이트

정보의 신뢰도는 객관성에 달려 있다. 그러나 개인이 관련 분야에 대한 설문조사나 인터뷰를 직접 진행하여 객관적인 자료를 수집하는 일은 여간 힘든 일이 아니다. 맥킨지 같은 대형 컨설팅회사나 갤럽 같은 통계전문기관에 의뢰하는 것도 비용 측면에서 큰 부담이 있다. 따라서 통계청처럼 국가 차원에서 조사한 통계 정보나 기업부설연구소에서 이미 수집한 통계 자료를 보는 것이 가장 경제적이다. 특히 통계청의 국가통계포털이나 국가지표체계는 분야별 카테고리가 상세하게 분류되어 있어 원하는 통계 정보를 검색하기에 편리하다.

3단계: 정보 분류 및 저장

정보를 분류·저장하는 데 유용한 디지털 도구도 많아졌다. 가장 흔히 활용되는 도구로는 에버노트와 원노트가 있다. 이러한 디지털 도구는 스마트폰, 개인용 컴퓨터, 웹페이지 등 대부분의 디지털 기기를 통해 이용할 수 있으며, 클라우드를 기반으로 한 동기화 기능이 있어 '나만의 정보 저장소'로 활용하기에도 좋다.

정보를 저장할 때 중요한 점은 정보의 카테고리를 지정하는 것이다. 많은 사람이 인터넷 기사를 스크랩할 때 자신의 소셜미디어 계정으로 링크를 공유한다. 하지만 타임라인에 저장된 링크 목록에서는 기사 내용을 검색할 수 없다. 필요할 때 정보를 끄집어내지 못하면 그동안 수집한 정보는 유명무실해진다.

이제는 정보를 수집할 때 5초만 시간을 내서 폴더로 카테고리를 지정하거나 파일명을 구체적으로 적도록 하자. 5초라는 이 짧은 시간을 아까워하지 말고 이러한 분류화가 나중에 아주 강력한 무기가 되어 돌아올 날을 상상해보자. 그리고 매일 또는 매주 한 번씩 시간을 내서 수집한 정보가 중복과 누락 없이 분류되어 있는지 점검하기를 권한다.

정보관리 습관 형성하기

정보 자체가 당장 급하지 않다면 정보의 수집은 뒷전으로 밀려나기 마련이다. 그렇기 때문에 평소에 정보 수집 습관을 만들어야 한다.

　이러한 습관을 형성하는 가장 좋은 방법은 다른 사람들에게 정보를 공유해야 하는 환경을 만드는 것이다. 소셜미디어나 블로그 등 자신의 채널에 관심 있는 분야의 정보를 큐레이션하여 올려보자. 처음에는 많은 사람에게 노출되지 않겠지만, 꾸준히 콘텐츠가 쌓이면 비슷한 관심사를 공유하는 사람들이 하나둘씩 모여들 것이다. 타인에게 정보를 공유하는 일은 그 정보의 정확성에 대해서도 책임지는 것을 의미하므로 정보를 게시할 때 조금 더 신경을 써서 양질의 자료를 수집하려고 노력하게 된다.

　또한 관심 분야에 대해 강의를 해보는 것도 좋다. 오프라인 강의가 부담스럽다면 유튜브나 팟캐스트 같은 미디어를 활용할 수 있다. 자신의 말로 설명하는 일은 글을 쓰는 작업만큼 많은 노력을 필요로 한다.

3장

시간관리에도 기획이 필요하다

시간, 계획하기 전에 기획하라

"할 일은 많은데 시간이 없다." "하루가 48시간이었으면 좋겠다." 많은 사람이 이런 말을 입에 달고 살며 시간관리 방법에 대해 고민한다. 시간관리에 대한 사람들의 관심이 큰 만큼 서점 가판대에는 시간관리에 관한 책이 쌓여 있다. 그러나 그런 도서를 사서 읽어도 시간관리는 여전히 어렵다. 처음에는 잘할 수 있겠다는 기대감으로 책에서 배운 내용을 열심히 따라해보지만, 오래 지나지 않아 시간관리 계획은 실패로 돌아간다. 도대체 문제가 무엇일까?

앞에서 우리는 메타인지에 대해 알아보았다. 메타인지는 크게 '자기 평가'와 '자기 조절'로 나뉜다. '자기 평가'는 '무엇을 배우거나 실행할 때 스스로 얼마나 알고 있는지 명확하게 인식하는 능력'이며, '자기 조절'은 '자기 평가에 기초해 자신이 모르는 부분을 보완하기 위한 계획을 수립하고 그 계획의 실행 과정을 평가하는 것에 이르는 전반'을 의미한다.

일반적으로 시간관리 책에서 다루는 플래너나 계획표 작성은 '자기 조절' 영역이다. 그러나 '자기 조절' 이전에 '자기 평가'가 우선이다. 자신의 상황이나 일의 전체상을 파악하지 못한 상태에서는 플래너를 열심히 작성해도 원하는 결과를 달성하기 어려우며 무엇보다 오랫동안 이어나가기 어렵다. 따라서 플래너나 계획표를 작성하기 전에 상황이나 일에 대해 스스로 얼마나 알고 있는지 명확하게 인식하는 것이 선행되어야 한다.

또 시간관리를 잘하려면 계획에 대한 개념을 제대로 이해해야 한다. 기획과 계획이라는 용어는 자주 혼용되지만 엄밀하게는 다른 개념이다. 계획은 '주어진 목표에 관한 구체적인 절차나 실행 순서를 생각하는 일'이다. 반면 기획은 '목표 달성을 위해 가장 적합한 활동을 설계하는 일'을 말한다. 즉, 기획이 목표를 설정하는 데 초점을 둔다면 계획은 기획한 목표를 실행하기 위한 구체적인 방법 및 절차를 모색하는 것이다. 기획이 무엇(what)을 왜(why) 하는지 정하는 것이라면, 계획은 어떻게(how) 하는가를 정하는 것이다.

기획 없는 계획은 설계 없이 집을 짓는 것이나 마찬가지다. 따라서 어떤 일을 할 때 할 일 목록이나 시간표 작성부터 할 것이 아니라 그 일의 목적을 명확히 하고 목적을 달성하기 위해 무엇을 할지 고민하는 기획을 먼저 해야 한다. 이제 시간을 계획하기 전에 시간을 기획하자.

꼭 중요한 것부터 먼저 해야 하는가

1989년 스티븐 코비 박사의 세계적인 베스트셀러 《성공한 사람들의 7가지 습관》이 출간된 이래 '중요한 것부터 먼저 하라'라는 뜻의 FTF(First Thing First)는 시간관리 기법의 대명사로 자리 잡았다. 또한 미국 건국의 아버지 중 한 명인 벤저민 프랭클린의 행동원칙과 FTF 원칙을 기반으로 만들어진 '프랭클린 플래너'는 직장인이라면 누구나 한 번은 써봤을 만큼 세계적인 열풍을 일으켰다.

FTF는 일의 '중요성'과 '긴급성'에 따라 4가지 범주로 나눈 뒤 이에 근거하여 순서를 정하는 방법이다. 그렇다면 어떤 순서로 실행해야 할까? 우선 중요하면서 긴급한 일을 먼저 하고 중요하지 않으면서 긴급하지 않은 일을 마지막으로 미뤄둔다. 고민되는 것은, 중요하지만 긴급하지 않은 일과 중요하지 않지만 긴급한 일 중 우선순위를 정하는 것이다. 코비 박사는 중요하지만 긴급하지 않은 일을 먼저 하라고 권고한다. 중요한 것부터 하는 것이 일의 전체 과정을 봤을 때 좋은 결과를 만들어낸다고 판단한 것이다. FTF는 인생의 사명과 일의 비전을 먼저 정하고, 이에 따라 장기-중기-단기 순으로 일을 처리하는 톱다운Top-down 방식이다.

그러나 빠르게 변하는 세상에서 중요하다고 생각했던 일이 금세 중요하지 않게 되는 경우도 있다. 또 중요한 것을 선택할 권한과 여유가 없는 직장인에게는 중요한 것부터 하라는 지침은 비현실적일 때도 있다. FTF를 보완하기 위해 등장한 시간관리 기법이 바로 데이비드 앨런의 GTD(Getting Things Done)이다. 이는 '닥치는 대로 처리하라'라는 철학을 가진 시간관리 기법으로서, '2분 법칙'에 따라 행동하라고 제안한다.[4] '2분 법칙'이란 2분

안에 실행할 수 있는지를 기준으로 '실행', '위임', '연기', '중지' 4가지 범주를 나눈다. GTD는 회사에서 사원부터 임원까지 유용하게 사용할 수 있는 보텀업Bottom-up 방식이다.

FTF와 GTD에는 공통점이 있다. 나름대로의 '기준'과 '범주'가 있다는 점이다. FTF에는 '우선순위'라는 기준과 '중요성'과 '긴급성'이라는 범주가, GTD에는 '2분 내 실행'이라는 기준과 '실행', '위임', '연기', '중지'라는 범주가 있다.

할 일 목록을 모두 달성하는 비법

아침에 출근 또는 등교를 해서 하루 일과를 할 일 목록To-do list과 함께 시작하는 사람이 많다. 우리가 'To-do list'를 작성하는 이유는 무엇일까? 미래에 해야 할 일을 잊지 않고 수행하기 위해서다. 인지심리학에서는 미래에 해야 할 일을 기억하는 것을 미래계획기억prospective memory이라고 한다. 미래계획기억이란 '과거 경험에 의한 기억과 달리 자발적 발생에 의한 기억'으로, 쉽게 말해 '기억해야 한다는 사실을 기억하는 것'이다. 예를 들어, 가족이나 지인의 생일과 기념일을 기억하고 축하 문자를 보내거나 일정 시간에 약을 먹는 일 등이 이에 해당한다.

미래계획기억은 크게 '사건의존적event-based 기억'과 '시간의존적time-based 기억'으로 나뉜다.[5] '사건의존적 기억'은 행위가 수행되기 위해 외부적 사건이나 단서가 제공되어야 하는 기억이다. '식사 이후' 약을 먹는 것을 기억하거나, '여동생의 얼굴을 보고 나서' 도착한 택배를 그녀에게 전달하는 경우가 이에 해당한다. 반면, '시간의존적 기억'은 일정 시간이 지난 다음이나 특정 시간에 행위가 수행되어야 하는 기억이다. 라면을 끓이는 중 4분 후에 가스 불 끄는 것을 기억하는 것, 오전 10시에 예약된 한의원 진료를 기억하는 것이 이에 해당한다. 인지심리학 연구에 따르면, 외부 단서를 제공하는 '사건의존적 기억'이 자기주도적 성격이 강한 '시간의존적 기억'보다 더 잘 기억된다고 한다.

이는 작성한 시간표에 따라 일을 하는 것보다 주요 업무나 사건 위주로 일하는 것이 더 효과적이라는 사실을 의미한다. 따라서 할 일을 잘 기억하고 효율적으로 수행하려면 '시간의존적 기억' 대신 '사건의존적 기억'을 활용하면 좋다. 예를 들어, 저녁 8시에 약을 먹어야 한다면 이 계획을 그 시간에 방영하는 8시 뉴스와 연결하면 된다. '8시 뉴스 시작할 때 약을 먹자'라고 다짐하면 '저녁 8시에 약을 먹자'라고 할 때보다 8시에 잊지 않고 약을 먹을 확률이 높아진다.

미루는 습관을 없애는 법

어떤 일을 계속 미루면 목표를 달성하는 데 더 많은 시간이 소요된다. 일을 미루지 않고 수행할 수 있는 방법에 대한 고민은 누구에게나 필요하다. '오늘 할 일을 내일로 미루지 말자'라는 말을 현실화시킬 방안이 필요한 것이다.

캘거리대학교의 조직심리학자 피어스 스틸은 미루기 습관 연구에 관한 한 세계적인 권위자다. 그에 의하면 사람은 가장 보람 있는 활동보다는 제일 쉬운 활동을 선택하는 경향을 갖고 있다. 실망에 대한 두려움과 자존심을 보호하기 위한 인간의 본능 때문이다. 스틸이 만든 미루기 공식은 다음과 같다.[6]

$$미루기 = \frac{과제 완수 시간 \times 주의 산만}{자신감 \times 과제의 가치}$$

주어진 과제를 끝내는 시간이 길어지거나 집중을 방해하는 요소가 많아질수록 미루기 습관은 커진다. 반면 그 과제에 대해 자신감이 있고 더 높은 가치를 매길 경우 미루지 않고 빠르게 일을 처리하게 된다. 결국 일을 원하는 대로 달성하고 싶다면 과제 완수 시간을 정하고, 주의 산만을 줄이고, 자신감과 과제의 가치를 높이기 위한 구체적인 전략을 짜야 한다. 그래서 필자는 '생각코딩 시간관리 프로세스'를 고안했다.

뇌의 효율을 극대화시키는 생각코딩 시간관리 프로세스

5단계로 이루어진 생각코딩 시간관리 프로세스는 메타인지를 기반으로 한 시간관리 방법으로서, 인간 두뇌의 효율을 극대화시키는 데 주력한다.

1단계: 사건의 덩어리화

사건의 시작과 끝을 정의한다. 사건의 시작은 현재 상태, 사건의 끝은 달성하고자 하는 구체적 목표다. 특히 복잡한 사건일수록 구체적인 덩어리로 나누어야 각각의 일이 서로 어떤 영향을 미치는지 파악하기 쉽다.

2단계: 작업의 구조화

작업의 구조화는 일을 진행하는 데 필요한 세부 항목과 순서를 자세히 적는 것이다. 이때 중요한 점은 작업의 전체 과정에서 세부 행위를 빠짐없이 적는 것이다. 예를 들어, 라면을 맛있게 끓이는 법을 구조화하면 다음과 같다.

- **물 끓이기**   냄비에 물 550㎖ 넣기
  가스레인지에 냄비 올려 놓기
  물 1분간 끓이기

- **재료 넣기**

주재료 넣기	라면 넣기	라면 봉지 뜯기	
		물이 끓는 냄비에 라면 넣기	
		봉지에 있는 라면 부스러기도 냄비에 넣기	
	스프 넣기	분말 스프 넣기	분말 스프 뜯기
			냄비에 분말 스프 넣기
		건더기 스프 넣기	건더기 스프 뜯기
			냄비에 건더기 스프 넣기
부재료 넣기	설탕 넣기	설탕 1스푼 넣기	
	후추 넣기	후추 1스푼 넣기	
	대파 넣기	대파 반 쪽 썰기	
		냄비에 파 넣기	

- **재료 젓기**   집게로 주재료와 부재료 잘 섞기
  집게로 면발을 집어 국물 속에 넣었다 뺐다 반복하기

- **라면 끓이기**   4분 30초 끓이기

- **라면 담기**   가스레인지 불 끄기
  냄비에 있는 라면을 그릇에 담기

작업의 구조화를 하면 시간관리에 대한 메타인지를 높일 수 있다. 해야 할 작업의 과정을 구체적으로 적어보면 큰 힘 들이지 않고 쉽게 할 수 있는 일과 어려운 일을 예측 및 판단하는 데 용이하기 때문이다. 또한 작업의 구조화는 미래에 계획한 일을 잘 기억할 수 있도록 돕는다. 상위 작업과 하위 작업의 관계를 시각화하는 작업은 서로 관련된 여러 작업들 사이에서 '기억의 단서' 역할을 함으로써 해야 할 일을 잊어버리지 않게 돕는다.

3단계: 과제의 가치 측정

미루기 습관은 과제의 가치와 반비례관계에 있다. 이때 과제의 가치를 판단하는 이는 자기 자신이다. 시간의 경제적 가치나 시급 같은 지표를 참고할 수도 있지만, 무엇보다 중요한 것은 자신이 그 시간에 얼마만큼의 가치가 있다고 느끼는지가 결정적인 판단의 근거가 된다. 예를 들어, 와이셔츠 다림질을 직접 할지 세탁소에 맡길지 2가지 선택지 사이에서 주말을 여유롭게 보내기가 쉽지 않은 직장인이라면 돈을 지불하더라도 와이셔츠를 세탁소에 맡기고 그 시간에 휴식을 취하는 것이 현명할 수 있다. 이처럼 자신이 놓인 상황에 대한 주관적 판단 기준과 그 일을 달성하기 위해 필요한 객관적 판단 기준을 종합하여 할 일의 우선순위를 정해야 한다.

4단계: 도구를 통한 부호화

기억은 부호화, 저장, 인출 3단계로 이루어진다. 부호화 과정을 잘할수록 다음 과정도 수월해진다. 다양한 시간관리 도구를 활용하면 부호화를 잘하는 데 도움이 된다. 메모장, 다이어리, 플래너 같은 아날로그 도구나 모바일 달력, 체크리스트 프로그램 같은 디지털 도구를 적절하게 조합하여 사용하

자. 자주 보는 곳에 메모지를 붙여놓거나 스마트폰에의 알람 기능을 통해 지속적으로 할 일을 상기하면 좋다. 인지심리학에 따르면 할 일을 적어 놓으면 두뇌 신경회로의 긴장이 풀리고, 당장 눈앞에 있는 일에 더욱 집중할 수 있다고 한다.

5단계: 정기적 피드백

처음의 계획대로 모든 일이 원활하게 진행되면 더할 나위 없이 좋겠지만 항상 예상치 못한 변수가 등장한다. 작업 시간이 예상보다 더 길어질 때도 있고 긴급하게 처리해야 하는 다른 일이 발생하기도 한다. 그러므로 시간 계획을 점검하고 수정하는 시간을 정기적으로 가질 필요가 있다. 매일 또는 매주 1회씩 자신의 시간계획표를 점검하는 시간을 갖자. 이런 습관은 우리의 메타인지와 목표달성 능력을 동시에 높여줄 것이다.

나만의 시간관리 프로세스 만들기

FTF나 GTD처럼 개별적인 시간관리 방법에 기준과 범주가 존재한다는 사실은 우리가 자신의 상황에 맞는 다양한 기준과 범주에 따라 시간관리를 해야 한다는 점을 시사한다. 같은 사건이어도 그것에 대한 가치판단은 사람마다 천차만별이다. 기존의 시간관리 방법을 그대로 따를 필요 없이 자신에 맞게 여러 방법을 융합할 수도 있다. 예를 들어, 전체 맥락에서는 중요성을 기준으로 하되 세부 항목에서는 시급성을 기준으로 처리하는 것이다.

시간관리를 잘 못하는 것을 자신의 의지박약 때문이라고 탓하지 말자. 시간관리 방법에는 공식이 없다. 뇌가 선호하는 방식이 무엇인지 알고 거기에 맞는 환경을 조성한다면 시간관리는 자연스럽게 이루어질 것이다.

4장

글쓰기는 문제해결이다

업무가 되는 순간 어려운 글쓰기

많은 사람이 다양한 매체를 통해 글을 쓴다. 인터넷 신문기사를 읽다가 댓글을 달기도 하고 인스타그램에 사진을 올리면서 부연 설명하는 글을 쓰기도 한다. 한집에 사는 형제끼리도 말보다는 채팅을 많이 한다고 할 만큼 일상에서 글을 쓰는 일은 더욱 많아지고 있다. 하지만 글쓰기가 업무가 되는 순간 많은 사람이 글쓰기를 막막해한다. 글쓰기를 타고난 재능을 가진 사람이 번뜩이는 영감으로 하는 것이라 생각하고 자신은 재능이 없다며 고통스러워한다.

잡코리아의 설문조사에 따르면, 응답자의 72.1%가 업무상 문서 작성에 어려움을 겪는다고 밝혔다. 직장인 10명 중 7명이 업무상 글쓰기를 부담스러워하는 것이다. 게다가 59.2%는 상급자나 외부업체에 제출한 문서에 대해 다시 써오라는 대답을 받은 경험이 있다고 하니, 업무에 있어 문서작성에 드는 시간은 꽤 큰 비중을 차지할 것이다.

이메일, 제안서, 사업계획서, 보고서, 계약서, 홍보문 등 업무에 필요한 글쓰기 종류는 다양하지만, 문서작성을 위한 글쓰기 교육을 받아본 사람은 많지 않다. 온라인상에 떠돌거나 회사 서버에 있는 자료를 참고해 그것과 비슷하게 만드는 것이 그나마 최선이다. 혹자는 글을 잘 쓰려면 많이 읽고, 쓰고, 생각하라고 한다. 또는 좋은 문장을 많이 필사하라고 조언한다. 그러나 이런 조언들은 구체성이 부족해 오히려 도움이 안 된다. 우리에게는 글쓰기 실력을 키울 수 있는 실질적인 방법이 필요하다.

글을 쓸 때 가장 중요한 점은 무엇일까? 바로 글을 읽는 상대방이 쉽게 이해할 수 있도록 하는 것이다. 생각이나 감정을 기록하는 일기나 메모를 제외한 대부분의 글에는 독자가 있다. 아무리 수려한 글이라도 독자가 그 내용을 이해하지 못하면 그 글은 목적을 제대로 달성했다고 할 수 없다. 좋은 글의 기본은 상대방을 이해시키는 것이다. 그러므로 독자의 입장에서 이해하기 쉽게 글을 써야 한다. 자신이 말하고 싶은 내용만 구구절절 나열하지 않는 것, 어렵게 쓰지 않는 것이 글쓰기의 시작이라는 점을 기억하자.

인지주의적 글쓰기 프로세스

필자도 글을 잘 쓰고 싶어서 글쓰기 관련 책을 열심히 찾아 읽었다. 그러나 대부분의 책은 주로 '좋은 문장을 어떻게 쓸 것인지', '글을 꾸준히 쓰는 습관을 어떻게 가질 것인지', '글쓰기로 인해 어떤 유익이 있는지'에 대해 언급했다. 좋은 글을 쓰는 데 필요한 '사고 과정'을 설명해주는 책은 찾아보기 힘들었다. 그러던 중 린다 플라워의 '인지적 글쓰기 과정 모델'에서 해답을 찾았다.

카네기멜론대학교에서 수사학을 가르치는 린다 플라워는 글쓰기를 과정 중심의 접근 방법으로 연구함으로써 글쓰기에 대한 현실적이이고 실제적인 지침을 주는 연구를 진행했다.[5] 플라워는 인지주의적 수사학 분야 개척자로서 공로를 인정받아 미국 영어교육자협의회에서 주는 브래독상Braddock Award을 수상하기도 했다.

플라워의 인지적 글쓰기 과정에 따르면, 글쓰기는 크게 '계획하기planning', '변환하기translating', '검토하기reviewing'로 이루어져 있다.

'계획하기'는 '무엇을 쓸 것인가?', '어떻게 쓸 것인가?'를 정하는 단계다. 초심자는 자신의 지식을 나열하는 글을 쓰지만, 글쓰기 고수는 '좀 더 쉽게 쓰는 방법'에 대한 생각을 더한다. 즉, 글쓰기 고수는 지식 나열에다가 지식 전환까지 생각함으로써 지식을 상황에 맞게 사용한다. 좋은 글을 계획하려면 풍부한 지식뿐만 아니라 글쓰기의 목표를 분명히 정하고 논리적으로 구성하는 것이 필요하다. '계획하기'는 구체적으로 '생산하기', '조직하기',

인지적 글쓰기 과정

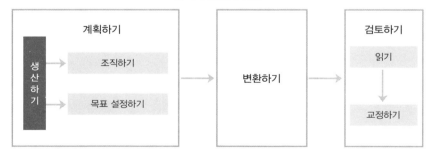

'목표 설정하기'로 구성되어 있다. '생산하기'는 잘 써야 한다는 부담을 버리고, 자유롭게 브레인스토밍 하는 단계이며, '조직하기'와 '목표 설정하기'는 '생산하기'에서 나온 아이디어를 바탕으로 글의 목표를 설정하고 이에 따른 글의 논리적 구조도를 설계하는 과정이다.

'변환하기'는 계획한 글을 실제 문장으로 표현하는 과정이다. '변환하기'에서 주의할 점은 자기중심적 글이 아니라, 독자의 입장에서 글을 써내려가는 것이다. 독자가 글을 쉽게 이해 또는 공감하지 못하면 이내 읽기를 중단할 것이다. 글쓰기의 목적이 독자와 의사소통하는 것임을 분명히 인식하고, 독자중심의 구조와 용어를 사용해야 한다.

'검토하기'는 글을 본래 의도대로 잘 썼는지 되돌아보는 단계다. '검토하기'에는 '읽기'와 '교정하기'가 포함된다. 이 단계에서의 읽기는 맞춤법 교정이나 단어를 하나씩 고치는 데에 초점을 두는 게 아니라, 글을 읽어나가면서 전체적인 구성이나 설득력 여부를 점검하는 것이다. 인지심리학의 한 실험에 따르면 글을 잘 쓰는 사람들은 자신의 글에서 문제점을 74% 정도 찾아내는 데 반해, 글을 많이 써보지 않은 사람들은 자기 글에서 고칠 부분을 42% 정도 찾는 데 그쳤다.[6] 다시 말해, 좋은 글이란 한 번에 완벽하게 쓰는 게 아니라 세밀한 검토를 거쳐 다듬어졌을 때 탄생하는 것이다.

플라워의 인지적 글쓰기는 크게는 3단계이지만 세부적으로는 9단계로 구성되어 있다.

- 1단계: 문제를 탐구하라
- 2단계: 계획을 세워라
- 3단계: 아이디어를 생성하라

- 4단계: 아이디어를 조직화하라
- 5단계: 독자의 요구를 파악하라
- 6단계: 독자중심의 글로 변형시켜라
- 7단계: 글쓰기의 목적을 검토하라
- 8단계: 글을 평가하고 편집하라
- 9단계: 글을 일관성이 있도록 편집하라

많은 사람이 글을 잘 쓰는 것은 멋지고 수려한 문장을 쓰는 것이라고 생각했을 것이다. 하지만 글쓰기 과정에서 문장에 관한 부분은 9단계 중 6단계 하나밖에 없다는 점을 기억하라. 글쓰기에 대한 인식을 바꾸는 것이 글을 잘 쓰는 것의 시작이다. 무턱대고 글을 쓰기 전에 글을 계획하는 연습부터 하자.

좋은 글 계획하는 방법

어떠한 계획이라도 계획이 없는 것보다 낫다.[8]

MIT대학 인공지능연구소의 공동설립자 마빈 민스키의 말처럼, 글쓰기에 있어서도 계획하기는 건축의 설계도면처럼 좋은 글을 위한 기본 요소다. 바버라 민토는 《논리적 글쓰기》에서 피라미드 구조를 활용해 글을 계획하는 방법을 소개한다.

사람마다 성장배경과 이해력의 정도가 다르므로, 글쓴이의 사고방식과 독자의 사고방식은 다를 수밖에 없다. 그러므로 독자에게 어떤 내용이 나올 것인지 핵심 내용을 먼저 알려준다면 독자는 다음에 이어질 내용을 쉽게 예측할 수 있다. 독자가 글쓴이의 의도와 주장을 파악하는 데 들이는 정신적 에너지를 줄여줘야 한다. 피라미드 구조는 핵심적인 생각을 먼저 나열한 뒤 그것을 뒷받침하는 부연 생각을 제시하는 전개 방식이다. 위에서부터 아래로 생각하도록 만드는 것이 바로 좋은 글쓰기의 핵심이다.

읽는 독자 입장에서는 위에서 아래로 흐르는 방향이지만, 글을 쓰는 입장에서는 아래에서 위로 올라가야 하는 경우가 많다. 개별 생각을 그룹핑grouping한 각각의 문장이 모여 하나의 단락을 형성하고, 또 여러 단락을 그룹핑하여 장이 만들어지면, 최종적으로 여러 장을 하나의 문서 또는 책으로 최종 그룹핑한다. 여기서 그룹핑을 할 때는 논리적으로 동일한 범주끼리 묶는 것을 원칙으로 한다. 그룹핑 과정에서 문장 그룹을 요약하면 단락의 핵심 메시지가 되고, 단락 그룹을 요약하면 장 메시지가, 장 그룹을 요약하면 마지막 한 문장으로 된 요약문이 나온다. 이것이 곧 글쓴이의 핵심 주장이 된다. 피라미드 원칙은 요약과 그룹핑 프로세스라고 할 수 있다.

또한 글의 첫머리에 나오는 도입부는 피라미드 구조의 정상을 감싸는 역할을 한다. 도입부 내용은 독자가 이미 알고 있는 것을 이야기로 풀어 쓴 형태가 되어야 한다. 독자에게 주제에 대한 흥미를 유발하기 위해서다. 독자는 책을 사기 전에 먼저 처음 몇 쪽을 훑어본다. 이때 흥미를 느끼지 못하면 그 책을 사지 않는다. 마찬가지로 일반적인 글에서도 도입부가 읽기에 좋아야 이어지는 내용도 집중해서 읽을 수 있다.

도입부는 SCQ의 순서로 전개하면 좋다. SCQ는 상황Situation, 전개 Complication, 질문Question을 뜻한다. 상황은 독자를 특정 장소와 시간으로 유도하고, 전개는 전달하고자 하는 이야기 속에서 긴장감을 유발하고, 질문은 핵심으로 들어가기 위해 생각을 자극하는 역할을 한다. 도입부의 길이는 일반적으로 두세 단락 정도가 적당하다. 도입부는 독자에게 저자와 같은 장소에 있다는 점을 확신시켜줄 정도면 된다. 독자가 이미 아는 내용을 상기해주고자 하는 목표만 충족하면 되므로 장황한 도입부로 독자를 지루하게 만들어서는 안 된다.

좋은 문장을 쓰는 방법

'계획하기'를 통해 글의 목표와 구조가 정해졌는데도 글이 잘 안 써지는 경우가 있다. '작가는 원고지 한 장을 쓸 때마다 성장한다'는 말이 있듯 생각을 문장으로 표현하는 것은 쉬운 일이 아니다. 그러나 업무에서 문장을 쉽게 표현하는 방법을 배울 수 있는 곳이 우리 주변 가까운 곳에 있다. 바로 우리가 매일 읽는 콘텐츠, 신문기사다.

신문기사는 정확한 정보를 빠른 시간 안에 전달하도록 쓴 글이다. 기자는 독자를 위해 최대한 가독성이 좋은 문장을 쓰려고 한다. 기자의 작문 방식을 습득하면 이해하기 좋은 문장을 가질 수 있다. 기사에서 쓰는 문체는 보통 역피라미드 문체라고 하는데, 일반적으로 알려져 있는 기사체의 노하우는 다음와 같다.

① 짧게 쓰기
② 능동형 동사쓰기

③ 단문쓰기

④ 친절하게 쓰기

⑤ 전문용어 사용 피하기

이런 요령을 기억하기 어렵다면 좀 더 쉽고 유용한 방법을 소개하고자 한다.

1단계: 주어와 서술어부터 쓰기

말하기는 글쓰기와 달리 어조나 표정을 통해 맥락을 전달할 수 있다. 그러나 글쓰기는 오로지 문자를 통해서만 의미를 전달한다. 그래서 글은 말보다 명확해야 한다. 그렇다면 글을 어떻게 명확하게 쓸 수 있을까? 우선 문장의 주어와 서술어를 의식적으로 쓰는 것이 글쓰기의 시작이다. 하나의 글은 단락과 단락의 연결로, 하나의 단락은 문장과 문장의 연결로 이루어져 있다. 따라서 각각의 문장을 정확하게 썼을 때 비로소 상대방이 쉽게 이해할 수 있는 글이 된다.

2단계: 육하원칙을 생각하며 쓰기

주어와 서술어를 먼저 쓴 다음 궁금한 점에 대해 생각해보자. 무엇을, 누구에게, 왜, 어떻게, 언제, 어디서. 바로 앞에서도 말한 육하원칙이다. 워싱턴 대학교의 윌리엄 캘빈 교수는 육하원칙을 인간의 정신적 문법이라고 했다. 육하원칙은 글의 기본적인 구성 요소일뿐만 아니라, 상대방의 궁금증을 해소해주는 중요한 부분이다.

3단계: 간결하고 명확하게 쓰기

문장은 의미상의 덩어리들로 연결되어 있다. 그래서 문장이 너무 길면 이해하기 어려워진다. 30년 넘게 문장론을 연구한 장하늘 작가의 조사에 따르면, 유명 칼럼니스트 10명의 문장의 분량은 평균 28.8자였다.[9] 3음절을 기준으로 하면 최대 9개의 단어로 이루어진 것이다. 매직넘버 세븐의 이론과 어느 정도 일치함을 알 수 있다. 한 문장을 30자 이내로 간결하게 쓰려는 의식적인 노력이 필요하다.

또한 '한 문장에 하나의 메시지One Sentence, One Message'를 지켜야 한다. 보고서나 프레젠테이션 같은 업무적 글쓰기에서는 특히 글을 명확하게 쓰는 게 중요하다. 듣는 이가 회사의 사업 기획 방향을 잘못 이해하면 그 사업을 추진하는 과정에서 일이 제대로 진행되지 않을 수 있다. 따라서 문장의 의미를 최대한 명확하게 담아야 한다.

글쓰기는 문제해결의 과정

그동안 우리는 글쓰기를 언어에 타고난 재능을 지닌 사람이나 오랫동안 한 분야를 깊이 연구한 사람만이 할 수 있는 고차원적 작업이라고 인식해왔다. 하지만 글의 목적이 무엇인지 생각해보면 글쓰기는 어려운 게 아니다. 좋은 글쓰기는 그저 독자를 이해시키는 작업이다. 좋은 글은 독자의 입장에 맞게 이해하기 쉬운 구조와 문체로 쓰는 글이다.

글쓰기를 문제해결의 과정이라고 생각하면 우리는 이전보다 쉽게 글을 쓸 수 있다. 문제해결이란, 문제를 정의하고 그 문제를 해결하기 위한 목표와 대안을 수립한 뒤 실행하는 과정으로 이루어져 있다. 글쓰기라는 문제를 해결한다고 생각하면 글을 쓰는 분명한 목표가 생기고, 그것을 따라 글의 논리적 흐름도 명확해진다. 또한 문제를 해결하기 위해 여러 가지 대안을 구상하는 것처럼 글을 더 잘 쓰기 위한 대안과 전략을 고민하다보면 글쓰기 실력은 타고나는 것이 아니라 훈련을 통해 개발되는 영역이라는 것을 깨닫게 된다.

이제 많이 읽고 많이 써야 글쓰기 실력이 향상된다는 생각을 버리자. 두뇌의 인지적 프로세스에 따라 글을 계획한 뒤, 문장으로 옮기고, 검토하는 3단계 과정을 통해 누구나 좋은 글을 쓸 수 있다.

5장

어떻게 두서 있게 말할 수 있을까

두서없이 말하는 이유

"두서없이 말해 죄송합니다."

발표자가 많이 하는 말이다. 발표자에게 이 말을 듣는 순간 당신은 어떤 생각이 드는가? 발표자에 대한 신뢰가 급격히 떨어질 것이다. 집중해서 이야기를 듣던 청중의 너그러운 마음도 온데간데없이 사라진다.

"사람들 앞에만 서면 머리가 하얘져요."

말하기에 자신이 없는 사람들은 대부분 비슷한 고민에 빠진다. 평소에는 말을 잘 하다가도 공식 석상에만 서면 왜 말문이 막히는 걸까? 두서頭緒라는 말의 어원을 보면 원인을 알 수 있다.

두서는 '일의 차례나 갈피'라는 뜻으로, 머리 또는 최상부를 의미하는 두와 '실마리, 첫머리, 차례'를 의미하는 '서'가 합쳐진 말이다. '두서없다'는 말은 그 일의 머리 즉, 목적이 명확하지 않으며(두의 부족), 그 일을 달성하기 위한 논리 절차가 없다(서의 부족)는 것을 의미한다. 다시 말해 두서없는 말하기는 전달하고자 하는 내용이 무엇인지 명확하지 않고 이야기의 논리적 연결이 매끄럽지 않다는 것이다. 뒤집어보면 두서를 갖추고 말하려면 명확한 의도와 계획을 갖고, 논리적 흐름에 따라 이야기를 해야 한다는 결론이 나온다.

아리스토텔레스는 《수사학》이라는 책에서 대중을 설득할 수 있는 능력이 지도자가 가져야 할 최고의 덕목이라고 주장하며, 설득의 기술이 무엇인지 다루었다. 그가 말한 설득의 3요소는 에토스ethos, 파토스pathos, 로고스logos다.

에토스는 말하는 사람의 성품 및 권위를 말한다. 발표자에 대한 평판 및 신뢰가 떨어지면 그가 아무리 좋은 말을 해도 청중은 한 귀로 듣고 흘려버린다. 따라서 말하는 사람은 청중의 신뢰를 얻기 위해 호감도와 진정성을 높이는 행위를 해야 한다. 이러한 행위는 언어적 요소뿐만 아니라 표정, 몸짓, 외모 같은 비언어적 요소까지 포함한다.

파토스는 듣는 사람의 심리 및 감정 상태를 말한다. 설득은 듣는 사람을 내가 의도하는 감정 상태로 만드는 행위다. 따라서 청중의 감정 상태를 파악함으로써 마음의 문을 열게 하는 것이 중요하다.

로고스는 상대방에게 명확한 증거를 제공하기 위한 논리적 판단 및 이성을 말한다. 인간은 합리적으로 판단하는 이성적인 존재다. 청중에게 신뢰와 호감을 얻었더라도, 말하는 내용이 장황하고 논지가 부족하면 듣는 사람을 설득할 수 없다. 설득의 마지막 열쇠는 말의 내용과 구조를 논리적으로 튼튼하게 만드는 것이다. 그리고 논리적 말하기는 상대방이 이해하기 쉽게 자신의 의도를 명확히 전달하는 것이므로 논리적 말하기와 두서 있는 말하기는 일맥상통한다고 할 수 있다.

말하는 의도와 목적부터 생각하라

말은 글에 비해 시공간적 제약이 있다. 주어진 시간 안에 내가 표현하고 싶은 내용을 전달해야 한다. 간혹 대화가 끝난 다음에 '아, 깜박하고 그 이야기를 안 했네'라고 후회할 때가 있다. 그리고 긴 시간 동안 고객이나 동료와 회의를 했지만, 막상 구체적인 실행방안이 도출되지 않는 경우도 있다. 이런 상황을 막으려면 말의 의도와 목적을 분명하게 명시해야 한다. 말의 의도와 목적은 지금 어떤 배경에서 말을 하려고 하며, 상대방에게 어떤 생각과 행동을 이끌어낼 것인지에 대해 생각하는 것이다.

의사소통의 목적은 보통 '정보전달', '설득', '친교 및 정서' 3가지를 벗어나지 않는다. 물론 이 3가지 중 여러 개가 혼합되는 경우도 많지만 그래도 대화의 주된 목적이 무엇인지 또렷이 인식해야 한다. 생각만 하기보다는 종이에 Who, Why, What을 적고, 구체적인 문장으로 표현해보자.

필자 역시 대기업, 공공기관, 대학교 등에서 다양한 대상에게 강의할 때, 아무리 시간이 없어도 다음과 같은 방법으로 꼭 메모를 한 뒤 강의를 시작한다. 이렇게 5분 정도만 시간을 내서 Who, Why, What을 정리하고 나면, 그날의 강의 목적이 분명해지고 청중이 원하는 내용을 말해줄 수 있기 때문에 필자는 절대 이 작업을 빠뜨리지 않는다. 시간적 여유가 있다면 how에 대해 생각해보는 것도 좋다. 정보전달 말하기 예시는 다음과 같다.

Who

• 교수학습개발센터의 모집을 통해 자발적으로 신청한 OO대학교 학생들

Why

• 배경: 대학 생활을 하며 공모전, 전공공부, 취업준비, 어학공부 등 해야 할 일이 산더미처럼 많아 생각정리가 안 돼 고민이 많은 학생들

• 목표: 생각코딩의 핵심 원리를 전달함으로써 학생들이 논리적이고 체계적으로 생각을 정리할 수 있는 기초 인지능력을 갖도록 한다.

What

• 논리적으로 사고하는 법(30분)

• 문맹자에서 탈출하는 법(20분)

• 스마트하게 공부하는 법(20분)

• 구조적으로 사고하는 법(20분)

PREP, 맥킨지의 논리적 말하기 기법

글이나 말의 전개 방식을 말해보라고 하면 대부분 서론 → 본론 → 결론을 떠올릴 것이다. 이는 글의 전개 방식으로는 효과적일지 몰라도, 말의 전개 방식으로는 다소 부족하다. 말하기는 상대를 설득하거나 내가 전하고 싶은 메시지를 효과적으로 전달하기 위한 수단이다. 따라서 청중을 내 말에 집중시킬 수 있는 효과적인 방법이 필요하다. 가장 쉬운 것 중 하나는 두서의

'서'(차례)를 활용하면 된다.

맥킨지는 논리적 말하기의 기법으로 프렙PREP을 사용한다. 이는 윈스턴 처칠 이 자주 사용한 방법이라고 해서 '처칠식 말하기 기법'이라고도 불린다. 프렙은 요점Point → 근거Reason → 예시Example → 요점Point의 순서로 말하는 것이다.

요점은 서두에 핵심 메시지를 먼저 말하는 것이다. 이런 방식을 '결론지향식 말하기'라고도 한다. 결론을 먼저 말하면 청중은 발표자의 의도와 목적을 분명히 파악하고 다음 내용에 더욱 집중해 들을 수 있다.

근거는 발표자가 주장에 대한 근거를 제시하는 것이다. 발표자가 앞서 핵심 주장을 말했으면 청중은 '왜?'라는 의문을 가진다. 그래서 발표자는 청중이 납득할 수 있도록 주장의 배경, 근거, 효과를 말하는 것이다. 이때 장황한 말은 생략하고, 최대한 간결하게 말한다.

예시는 주장을 뒷받침하는 증거나 사례를 언급하는 것이다. 사례는 객관적이고 신뢰할 수 있는 것이어야 한다. 신뢰할 수 있는 데이터는 다음 5가지를 갖춰야 한다.

① 주장과 직접 관련된 데이터인가?

② 일반화할 수 있는가?

③ 출처를 신뢰할 수 있는가?

④ 최신 정보인가?

⑤ 표본 수가 충분한가?

마지막의 요점은 서두에서 말한 핵심 메시지를 다시 한 번 언급하는 것이다. 이를 통해 주장을 강조함으로써 청중을 설득하는 효과를 극대화할 수 있다.

　PREP은 말하고 싶은 바를 정확하게 전달하면서도 설득력을 높일 수 있는 효과적인 말하기 방법이다.

맥킨지식 논리적 말하기 포맷

요점	서두에 주장하고자 하는 결론을 말한다
근거	주장의 이유, 배경, 근거, 효과를 간결하게 말한다
예시	주장을 뒷받침하는 증거나 사례를 언급한다
요점	말하고 싶은 것을 반복한다

말하기는 결국 의사소통을 위한 수단

의사소통에는 4가지 요소, 발신자Sender, 메시지Message, 통로Channel, 수신자Receiver가 있다. 발신자는 수신자에게 언어를 포함한 오감을 활용해 메시지를 전달한다. 그러면 수신자는 자신이 인식한 대로 메시지를 해석하고,

다시 발신자에게 메시지를 보낸다. 발신자와 수신자 각자의 커뮤니케이션 스킬, 태도, 지식, 사회 시스템, 문화 등 많은 요소가 의사소통에 영향을 미친다. 따라서 말하기에 앞서 상대방의 상황은 어떤지 생각해보는 것이 필요하다. 같은 말도 사람에 따라 다르게 받아들인다는 사실을 알고 수신자 입장에서 이해하기 쉽게 말을 해야 원활한 의사소통을 할 수 있다.

미국의 언어철학자 폴 그라이스는 원활한 의사소통이 되려면 4가지 대화 규칙이 필요하다고 주장한다.[10]

① 필요한 만큼의 정보를 말하라(양의 규칙)
② 진실한 정보만을 말하라(질의 규칙)
③ 대화에 적절한 정보만을 말하라(관계의 규칙)
④ 명확하고 직접적인 언어로 말하라(예절의 규칙)

벌로의 SMCR 커뮤니케이션 모형

Sender	Message	Channel	Receiver
커뮤니케이션 스킬	콘텐츠	청각	커뮤니케이션 스킬
태도	성분	시각	태도
지식	처리	촉각	지식
사회 시스템	구조	후각	사회 시스템
문화	규칙	미각	문화

그라이스는 이 4가지 규칙을 '협동원리cooperative principle'라고 부른다. 의사소통은 신호만 주고받는 것이 아니라 발신자와 수신자가 서로 상대방 입장을 이해하고 상황에 대한 맥락을 파악해야 하는 상호협동적인 과정이다. 말하기는 일방적인 행위가 아니다. 말하는 사람이 있으면 듣는 사람도 있으며, 듣는 사람은 이에 대한 반응으로 말을 하는 순환의 과정이다. 말하기는 궁극적으로 의사소통을 하기 위한 도구다. 그래서 두서 있는 말하기는 결국 상대방에 대한 명확한 이해를 전제로 한다.

생각정리는
4차 산업혁명 시대의 힘!

인공지능 성능이 급격하게 발전하는 4차 산업혁명 시대, 인간은 어떤 역량을 가져야 할까? 과거 산업사회에서는 읽기, 쓰기, 셈하기를 기초로 많은 정보와 지식을 습득하는 것이 경쟁력이었다. 하지만 이제는 인터넷을 통해 원하는 정보를 얼마든지 검색할 수 있는 시대가 되었다. 인간은 이전과 근본적으로 다른 능력을 필요로 하게 되었지만 그것이 무엇인지는 아직 알아가는 단계다. 이러한 사회적 변화와 함께 국내외 다양한 기관에서 미래 사회에 인간이 가져야 할 핵심 역량이 무엇인지에 대한 연구를 진행하고 있다. OECD의 데세코DeSeCo(Definition and Selection of Competencies) 프로젝트가 대표적이다. 데세코 프로젝트는 '성공적인 삶과 사회를 만들기 위해 필요한 미래 핵심 역량'을 3가지로 정의했다.

첫째, '도구를 상호작용적으로 사용하기.' 우리가 속한 환경에서 효과적으로 상호작용하려면 다양한 도구를 광범위하게 쓸 수 있어야 한다. 여기서 말하는 도구는 언어, 상징, 문자, 지식, 정보처럼 눈에 보이지 않는 지적 도구도 포함된다.

둘째, '이질적 집단과 상호 작용하기.' 현재 우리는 개인의 개성과 능력을 존중하며 개인이나 집단이 추구하는 원칙이나 가치관이 다를 수 있음을 인정하는 다원화 사회를 살고 있다. 따라서 다양한 집단과 소통하고 서로를 공감할 수 있는 능력이 필요하다.

셋째, '자율적으로 행동하기.' 자율적으로 행동한다는 것은 자신의 생애를 주도적으로 계획하고 관리하는 것을 의미한다. 또한 자신의 권리와 의무에 대해 알고, 이에 따라 행동할 수 있어야 한다.

그렇다면 역량 개발을 통해 궁극적으로 얻고자 하는 능력은 무엇인가? 많은 학자는 미래 사회에 인간에게 가장 필요한 능력으로 '문제해결 능력', '비판적 사고력', '창의력', '협업능력'을 손꼽는다. '비판적인 시각으로 새로운 지식과 정보, 기술을 창의적으로 생성하고 협력적으로 문제를 해결하는 능력을 가진 사람'이 미래의 인재상인 것이다. 이처럼 창의적 문제해결 능력을 키우기 위한 '핵심 역량'의 중요성은 그 어느 때보다 커지고 있다.

필자의 생각정리에 대한 연구는 현재 '4차 산업혁명 시대에 필요한 창의적 문제해결 교육 플랫폼 구축'이라는 비전으로까지 발전했다. 이러한 비전은 필자가 운영하는 생각코딩연구소의 사훈에도 녹아 있다.

① 머릿속에 잠재되어 있는 '생각의 확장'

② 기존에 가지고 있던 생각들을 좋게 만드는 '생각의 보완'

③ 생각과 생각을 연결하는 '생각의 융합'

생각을 더한다는 것은 다양한 의미로 해석할 수 있다. 생각코딩연구소는 많은 사람이 자신만의 관점과 기준을 설정하고 머릿속에 잠재된 생각을 꺼내 창의적으로 연결할 수 있는 사회를 만들고자 탄생했다.

생각코딩은 필자의 이러한 목표를 달성하기 위해 나아가는 과정에서 만들어진 교육 콘텐츠다. 생각코딩은 단순한 생각을 정리하는 데서 그치지 않고, 5가지 사고력을 개발시킨다. 필자는 이를 미래형 사고력Future Thinking 이라고 이름 지었다.

① 범주적 사고력Categorical Thinking

동일한 것이 아니라도 유사한 것들을 외양, 기능, 상황 등의 기준에 따라 '하나의 묶음'으로 인지하는 능력

② 비판적 사고력Critical Thinking

무수히 많은 언어적·비언어적 자료들에 대해 신뢰성, 정당성, 적합성, 타당성 등을 판단할 수 있는 능력

③ 창의적 사고력Creative Thinking

어떤 문제에 부딪히거나 자기가 경험해보지 못한 새로운 상황에 직면했을 때, 새로운 방식으로 생각이나 개념을 결합하거나 새롭고, 신기하고, 유용한 것을 생산해내는 능력

④ 컴퓨팅 사고력Computational Thinking

문제를 효과적이고 효율적으로 해결하기 위하여 컴퓨터 과학 개념과 원리

를 바탕으로 문제해결 과정을 설계하고, 컴퓨팅 시스템이 수행할 수 있는 형태로 표현하는 데 필요한 절차적 사고 능력

⑤ **융합적 사고력**Convergent Thinking
다양한 지식간의 연결성 및 연관성에 대한 이해를 바탕으로 새로운 가치적 관점의 지식을 창출하고 활용하는 능력

　알파벳 C와 T로 시작하는 이 5가지 CT는 인간만이 갖고 있는 핵심 사고력Core Thinking으로서, 인공지능 더욱 발전하는 4차 산업혁명 시대에 인간의 문제해결 능력을 향상시키는 데 중요한 역할을 할 것이라고 확신한다. 단순히 생각을 잘 정리하고 싶어 이 책을 집었을 당신이 공부, 독서, 업무를 비롯한 생활의 모든 방면에서 마주치는 문제를 잘 해결해낼 수 있다는 자신감을 얻었기를 희망한다.
　마지막으로 현실보다 이상을 위해 살고 있는 아들을 항상 묵묵히 응원해주시는 부모님, 그동안 필자에게 아낌없는 가르침을 주신 스승님들, 이 책이 나오기까지 많은 노력을 기울여주신 김영사 심성미, 권정민 편집자님, 생각코딩이 세상에서 더욱 빛나도록 힘써주는 생각코딩연구소 식구들에게 감사의 인사를 전한다.

홍진표

14부

1   김용규, 《생각의 시대》, 살림출판사, 2014년.

2   질 포코니에 · 마크 터너 공저, 김동환 · 최영호 공역, 《우리는 어떻게 생각하는가》, 지호,
    2009년.

3   이정모 등, 《인지심리학》, 학지사, 2009년.

4   Teresa M. Amabile, "How to Kill Creativity", *Harvard Business Review*, September–
    October, 1998, 77–87.

5   같은 곳.

6   크레이크 램버트 저, 이현주 역, 《그림자 노동의 역습》, 민음사, 2016년.

7   대니얼 레비틴 저, 김성훈 역, 《정리하는 뇌》, 와이즈베리, 2015년.

8   같은 책.

9   같은 책.

10 크리스토퍼 차브리스 · 대니얼 사이먼스 공저, 김명철 역, 《보이지 않는 고릴라》, 김영사,
    2011년.

2부

1 팀 페리스 저, 박선령·정지현 공역, 《타이탄의 도구들》, 토네이도, 2017년.

2 이정모 등, 《인지심리학》, 학지사, 2009년.

3 리처드 니스벳 저, 최인철 역, 《생각의 지도》, 김영사, 2004년.

4 같은 책.

5 KBS 과학카페 기억력 제작팀, 《기억력도 스펙이다》, 비전코리아, 2013년.

6 George A. Miller, "The Magical Number Seven, Plus or Minus Two: Some Limits on Our Capacity for Processing Information", *Psychological Review*, 1995.

7 최인철, 《프레임》, 21세기북스, 2016년.

8 조지 레이코프 저, 유나영 역, 《코끼리는 생각하지마》, 와이즈베리, 2015년.

9 바버라 민토 저, 이진원 역, 《논리의 기술》, 더난출판사, 2004년.

10 HR인스티튜트 저, 현창혁 역, 《로지컬 씽킹의 기술》, 비즈니스북스, 2014년.

3부

1 황혜진, 〈OECD 성인역량조사결과에 나타난 세대 간 문해력의 차이〉, 《통일인문학》 제61집, 2015년.

2 박영숙, 제롬 글렌, 테드 고든, 엘리자베스 플로레스큐 공저, 《유엔미래보고서 2040》, 교보문고, 2013년.

3 폴 길스터 저, 김정래 역, 《디지털 리터러시》, 해냄, 1999년.

4 Rudyard Kipling, *The Elephant's Child*, Voyager Books, 1988.

5 김용규, 《생각의 시대》, 살림출판사, 2014년.

6 윌리엄 캘빈 저, 윤소영 역, 《생각의 탄생》, 사이언스북스, 2006년.

7 사이먼 사이넥 저, 이영민 역, 《나는 왜 이 일을 하는가》, 타임비즈, 2013년.

8 이정범 저, 유남영 그림, 《외우지 않아도 쏙쏙 들어오는 초등 한국사 생생 교과서》, 스콜라, 2017년.

9 리처드 니스벳 저, 최인철 역, 《생각의 지도》, 김영사, 2004년.

4부

1 이혜정, 《서울대에서는 누가 A+를 받는가》, 다산에듀, 2014년.

2 박창호 등, 《인지학습심리학》, 시그마프레스, 2011년.

3 이정모 등, 《인지심리학》, 학지사, 2009년.

4 대니얼 코일 저, 윤미나 역, 《탤런트 코드》, 웅진지식하우스, 2009년.

5 같은 책.

6 플라톤 저, 최명관 역, 《플라톤의 대화편》, 창, 2008년.

7 '전교 1등은 알고 있는 공부에 대한 공부 2', 〈시사기획 창〉, KBS, 2014년.

8 이정모 등, 위의 책.

9 김경일, 《지혜의 심리학》, 진성북스, 2017년.

10 '전교 1등은 알고 있는 공부에 대한 공부 2,' 〈시사기획 창〉, KBS, 2014년.

11 '질문과 암기', 〈공부하는 인간〉, KBS, 2013년.

5부

1 Marc Prensky, *Digital Natives, Digital Immigrants*, MCB University Press, 2001.

2 데이비드 미킥스 저, 이영아 역, 《느리게 읽기》, 위즈덤하우스, 2014년.

3 프랜시스 베이컨 저, 이종구 역, 《학문의 진보》, 아카넷, 2002년.

4 Allan Snyder, "Explaining and inducing savant skills", *Literature Review*, 2009.

5 Darold A. Treffert, "The Savant Syndrome: An Extraordinary Condition", *Wisconsin Medical Society*, 2009.

6 앨빈 토플러 저, 김중웅 역, 《부의 미래》, 청림출판, 2006년.

7 모티머 애들러·찰스 반 도렌 공저, 독고 앤 역, 《생각을 넓혀주는 독서법》, 멘토, 2012년.

1 David McClelland, "Testing for Competence Rather Than Intelligence", *American Psychologist*, 1973.

2 Lyle M. Spencer, Signe M. Spencer, *Competence at Work*, Wiley, 1993.

3 A. M. McDonaugh, *Information Economics and Management System*, McGraw–Hill, 1963.

4 데이비드 앨런 저, 김경섭·김선준 공역, 《쏟아지는 일 완벽하게 해내는 법》, 김영사, 2016년.

5 Einstein G.O., McDaniel M.A., "Normal aging and prospect memory", *Journal of Experimental Psychology*, 1990.

6 피어스 스틸 저, 구계원 역, 《결심의 재발견》, 민음사, 2013년.

7 린다 플라워 저, 원진숙·황정현 공역, 《글쓰기의 문제해결전략》, 동문선, 2000년.

8 마빈 민스키 저, 조광제 역, 《마음의 사회》, 새로운 현재, 2019년.

9 장하늘, 《글쓰기 표현사전》, 다산초당, 2009년.

10 H. Paul Grice, "Logic and Conversation", 1975.

생각코딩,
머리를 잘 쓰는
사람들의 비밀